你们是梦想的精灵，拥有最奇妙的青春。愿你们珍惜那含苞待放的花期，积聚最丰厚的人生养料，孕育最瑰丽的人生梦想。

——中国教育报刊社常务副社长、《中国教师报》总编辑 刘堂江

在那无比美妙的时光里，学会在装扮生活的同时给自己一个美丽的梦想；在那无限精彩的青春期里，学会在善待世界的同时，给自己一个温暖的际遇。

——北京教育音像报刊总社副社长、《现代教育报》社长 李青

迎着朝阳的露珠，花季里绽放的花朵。

——腾讯读书频道主编 沈瀚涛

9岁到15岁，正是一个女孩花季的年龄，希望她们能好好的爱自己，爱家人，快乐自在地享受绚丽多彩的生活！

——网易读书频道主编 黄兆晖

这套书可以成为小女生们诉说悄悄话的朋友。

——榕树下副总编辑 卢金珠

豆蔻是人生中唯一的黄金时代。

——盛大文学无线公司总编辑　王小枪

女孩子的这个年龄阶段很重要，决定了长大后能否成为一名优秀的女性。

——《优雅》执行主编　赵峻炜

在这样的年纪，可以不必太乖。我后悔我在那个年纪是一个乖女孩儿。

——《女友校园》主编　王秀华

这里有属于你的少女时代，有与众不同的自己！

——17K女性时尚频道主编　王小泉

我是人气女生

[韩]金恩帝 著

[韩]文贵邮 绘　齐芳 译

中南出版传媒集团

湖南人民出版社

做你最好的朋友

学校生活中最快乐的事是和朋友在一起。所以我们总是期待有那种无需用言语表达就能心灵相通的好朋友。

但是如果你只是心里期待着而不付诸行动，和你心灵相通的好朋友也不会从天而降。所以，你要做好准备，首先要让自己能做别人的好朋友，然后去接近你喜欢的朋友，这样才有可能创造出人人羡慕的可贵的友情。

可事实没有想象的那么简单吧？一开始或许跟朋友相处得很好，可能会忽然开始讨厌对方，或者有一天朋友会跟你发火甚至吵架，也许朋友间会因为一些无聊的传闻或谣言而互相暗自生气。交朋友是件很美好的事，同时也像登山一样，既惊险又有困难。

当你和朋友的关系遇到了问题，是不是很希望有人能指点一下呢？

我们一起来看看性格各异的朵朵、恩秀、允静和小晨是如何

2

在烦恼、矛盾当中培养友情的吧。也许对解决你和朋友之间的问题有所帮助。

人们常说朋友是一辈子的好伙伴。希望你能珍惜这份来之不易的友情。

"你们听说那件事了吗？"

"什么呀？什么呀？说说。"

五年级二班的早晨总是人声鼎沸。

孩子们好像都是为了聊天才来到学校的一样，一到学校就和朋友扎堆儿聊起天来。

"哎呀，吵死了。不过我有时候也想和他们凑在一起，又笑又闹的。"

朵朵安静地坐在自己的座位上远远地看着同学们。但那眼神绝不是羡慕，她不想被别人看出自己是没有朋友的人，那太伤自尊了。

"为什么我交个朋友就这么困难呢？"

正在朵朵苦恼时，从恩秀的座位那边爆发出了一阵笑声，似乎是恩秀又说了什么有意思的话，孩子们又是敲桌子又是吹口哨的，教室里像开了锅似的。

"哎哟，现在这些人都回自己的座位好不好啊，我想安安静静地预习一下功课呢。"

恩秀心里暗想。

4

"恩秀看起来好像有些累了。也对啊，一个人总是保持兴奋的状态和朋友们打成一片也不是件容易的事。"

　　远远地允静读懂了恩秀的表情，自言自语道。

　　喧闹的五年级二班的同学们，每个人都希望交到好朋友，但和朋友相处不是那么简单的事。看他们个个满怀着交到真正的好朋友的决心，应该会很快找到真正的友谊吧？

介绍各位朋友

朴恩秀

恩秀性格活泼开朗，朋友很多，人气很旺，她的烦恼是虽然身边朋友很多，但没有一个真正知心的朋友。所以她很积极地努力寻找能和自己心灵相通的朋友。她找到了朵朵、允静和小晨。

郑朵朵

朵朵不知道怎样和朋友打成一片，所以总是很孤单。甚至班里有同学说她很自大。文静、诚实、学习成绩好，这些优点都没有机会展示给别人。但是和恩秀成为朋友之后，也学会了如何跟朋友们相处。

金允静

允静心地很善良，所以被同学们选为最佳朋友。但因为自己缺乏自信，很是苦恼。遇到认可自己价值的朋友之后，允静变得自信多了。而且友情、学校生活两方面都更精彩了。

李小晨

小晨以前总是把学习摆在首位。所以让人感觉有点自私。但是和允静、朵朵、恩秀成为朋友之后，她明白了友情和学习成绩同样重要。也知道了通过和朋友相处，可以学到社会生活中最基本的东西。

Love Love

目录 CONTENTS

PINK BOOK

第1章

寻找真正的朋友

第4章

友情也需要培养

Best Friend

第5章

为了永远的友情

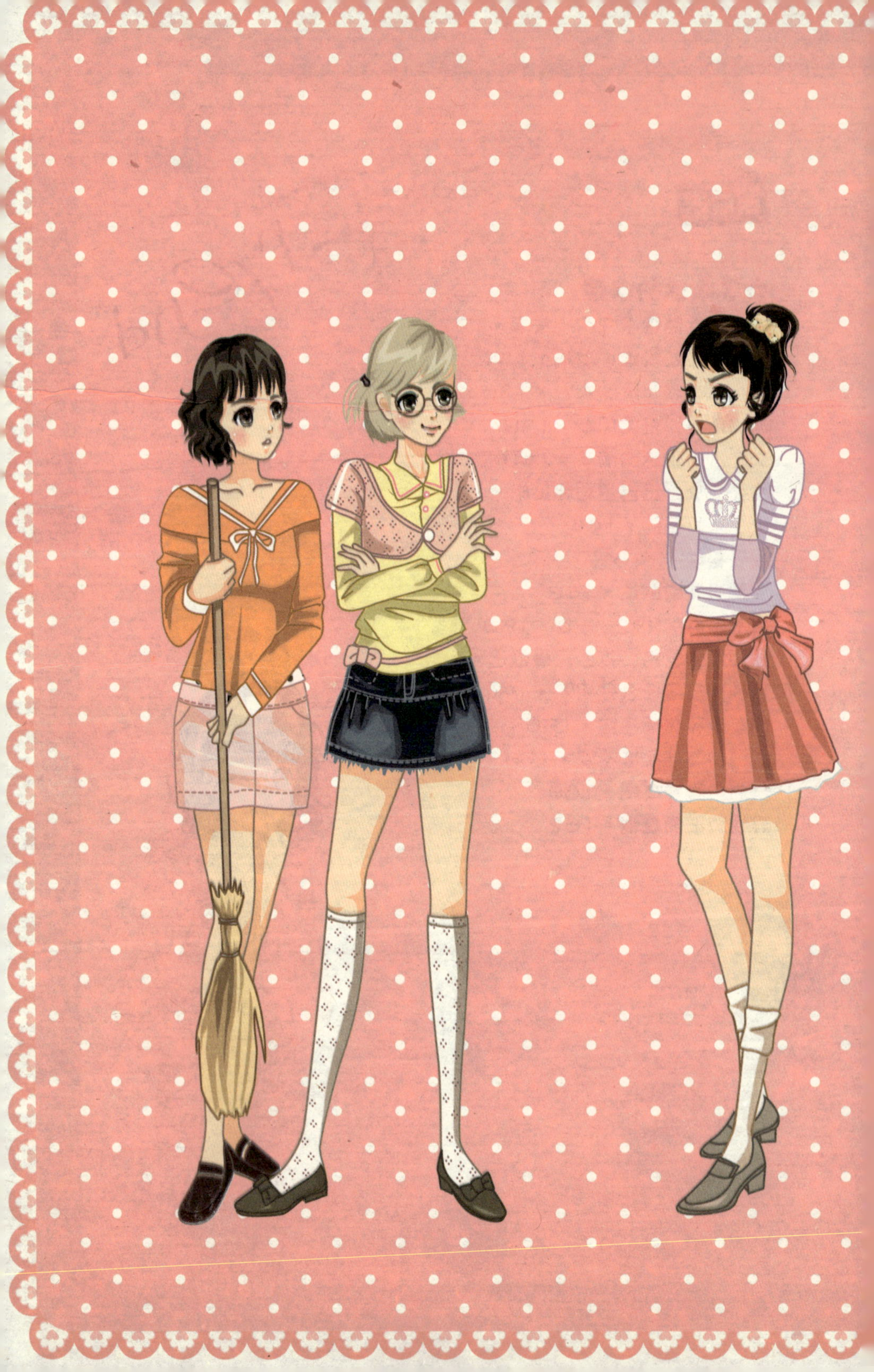

第 1 章

寻找
真正的朋友

01 等待真正的朋友

"谁替老师弹一下伴奏？"

音乐老师轻轻抬了一下打着石膏的胳膊。但是下面会弹钢琴的同学们没有一个爽快地走上前的，都在互相你看我我看你。老师没办法，点名叫了朵朵。

朵朵挺直腰板脚步轻盈地走到钢琴旁边。几个同学小声嘀咕道："瞧！她又在出风头了，音乐老师只喜欢朵朵。"

音乐课一下课，孩子们又开始七嘴八舌了。男同学都争先恐后地玩世文带来的游戏机，女同学都和自己要好的朋友手拉手去洗手间或扎堆聊天。

只有朵朵是一个人。谁也不来烦她，不过也没人跟她特别亲近。嫉妒心强的敏智还借着音乐课伴奏的事，跟自己的伙伴允静说朵朵坏话。

"有些人啊，似乎没有朋友也无所谓哦，只要老师喜欢就行，你说是不是啊？"

朵朵听见了她说的话，但她装作没听见，没理她。

"哼！交到敏智这样的朋友，还不如没有朋友。"

朵朵一边想着一边打开了童话书，可是一个字也看不进去。

谁都需要朋友

朵朵不需要朋友吗？看上去她一个人好像也挺好的。但是没有人不需要朋友。

> **朵朵的心里话**
> 要是有个和自己意气相投的朋友该多好！
> 如果我有个好朋友，也能和她一起发发敏智的牢骚。
> 为什么没有人先和我说句话呢？
> 每天都是自己一个人好无聊啊！真想有个朋友，能和她一起吃饭，放学一起回家。

其实朵朵也非常想交朋友。只是她性格内向，从没有想过主动去接近别人，所以同学们都误会朵朵是"爱出风头的家伙"。

现在朵朵该敞开心扉了，那样她才能更快地找到知心的好朋友。

敞开心扉的方法

❶ 主动先问候别人

敞开心扉其实很容易做到，就是微笑着问候别人。和对方眼睛对视，不要避开对方的视线，先向对方说"你好！"

> 敏智，你好！

❷ 叫出朋友的名字

人们都喜欢对自己感兴趣的人。如果有人只见过我一次就记住了我的名字，我一定很想和他做朋友。不要只是说"喂，你！"而是热情地叫出对方的名字。

> 敏智，这本书我认真看过了。

❸ 表现出直率的一面

如果和直率的人在一起，我也会很直率地敞开心扉的。所以表现出直率的一面就很容易成为别人的朋友。

> 我想和你做朋友。

5

我作为朋友有多好?

1. 巧克力蛋糕只剩下一角了，可是突然朋友来了，如果是你，你会怎么做?

❶ 赶紧藏起蛋糕，等朋友走了再吃。（0分）

❷ 虽然有点舍不得，还是分给朋友一点点。（2分）

❸ 和朋友一起快乐地分享。（5分）

2. 和朋友喜欢上了同一个男生，很喜欢那个男生，和朋友的关系也很好，你会怎么做?

❶ 爱情比友情重要！和男生交往，和朋友绝交。（0分）

❷ 和朋友猜拳，赢的人和男生交往。（2分）

❸ 男朋友还可以有！两个人都放弃那个男生，以友情为重。（5分）

3. 我不小心打碎了教室的玻璃，可是老师以为是朋友干的，一个劲地批评朋友。我没有勇气向老师承认错误，朋友也低着头一声不吭。这时该怎么做？

❶ 向老师如实说明，然后自己接受批评。（5分）

❷ 虽然觉得对朋友过意不去，可是因为怕老师，所以装作不知道。（0分）

❸ 一开始没勇气说出真相，后来向老师说明情况，再单独向朋友道歉。（4分）

Good Friend

10分以上

你真是个好朋友

0~9分之间

在找到好朋友之前，自己该反省一下自己！

luck

luck

02 无缘无故就让人讨厌的人

"敏智，你为什么那么讨厌朵朵？"

允静听敏智一直说朵朵的坏话，忍不住轻声问道。允静虽然也不喜欢朵朵，但是也不喜欢敏智总是说同班同学坏话。

"多让人讨厌啊，爱出风头，你看着不烦吗？"

敏智冷冷地回了一句。允静觉得敏智在爱出风头方面也不是省油的灯。

"这个嘛……"

允静的话说了半截没说下去，敏智眉毛一扬不乐意了。自己的伙伴还不站在自己一边，真是气死人了。敏智十分不快地从鼻孔发出"哼"的一声。

"无缘无故就让人讨厌，看着就讨厌，你没遇到过这样的人吗？"

"啊？是啊。"

允静的回答依然是让人摸不着头脑，敏智这时候实在是忍无可忍了。

"哼！"

敏智"噌"地转过身去。

"两个小时？不，快三个小时了。"

允静心里计算着敏智和自己闹别扭的时间。说到无缘无故让人讨厌的人，像敏智这样动不动就耍脾气的人算不算呢？

敏智和允静从幼儿园开始就是朋友了。但是敏智的性格敏感又爱耍小脾气，经常让允静头疼不已。

"哼！哪有无缘无故就让人讨厌的？凡事总是有原因的，像她这样总爱使性子就很讨厌。"

允静心里想着这些，也转过身去，背对着敏智。

没有无缘无故
让人讨厌的人

敏智讨厌朵朵真的没有理由吗？仔细分析一下，也许就能找到原因。

朵朵为什么让人讨厌？

就是让人讨厌，没有什么原因。

不喜欢她的外表？

是。穿的衣服，梳的发型都很土，很讨厌。

难道你不想像朵朵那样优秀吗？

嗯……不太想。不过其实我也很努力啊。钢琴也练了很长时间，补课班也没少去，可是我还是做得不够好。

不是朵朵爱出风头，而是你个人的看法有问题吧？

不是的，课堂上老师的提问都是她一个人回答，家庭作业也完成得很好……是啊，也许不是她爱出风头吧。可是看起来就是出风头嘛。

她性格怎么样？
为了让老师喜欢自己，装得很文静，什么都让她占了。

老师为什么喜欢朵朵呢？
学习也好、体育也好，钢琴弹得也好。老师们不都是喜欢出色的学生吗？

　　一个个拆开来分析发现，敏智也想像朵朵那么优秀，但却做不到，所以就讨厌朵朵。说人家爱出风头也只是误会。如果无缘无故讨厌某人的话，仔细分析一下理由，不要无缘无故地讨厌没有做错任何事的朋友。

11

我是制造哪种友情的类型?

有的人只要有一个知己就够了，但有的人却需要很多朋友，多得甚至都能组成一个军队。那我是什么类型呢？

A. 和心意相通的一两个朋友在一起的时候，话也变多了，想说的事也很多，但是和很多朋友在一起时感觉有点别扭，一点也不喜欢结交新朋友。

认为只要有一两个挚友足矣的类型。真正的朋友很重要，不过也要尝试和很多朋友融合在一起的感觉。和性格各异的朋友们交往会提高你对别人的理解能力。

B. 朋友越多越好，一起叽叽喳喳地聊天这样才有意思嘛。和朋友在一起重要的不是表达自己的内心感受，而是快快乐乐地玩。

不追求推心置腹，追求共同玩乐的类型。优点是社交能力突出，能结交很多朋友。如果有能推心置腹的朋友，那就是锦上添花了。

C．只有一两个挚友很危险，如果吵架分开了岂不是变成孤身一人？朋友最好有四五个，能组成小团体最好。特别是女生喜欢成群结队，这时容易发生和其他小团体的激烈竞争，还可能会产生强制自己小团体成员行动完全一致的问题。几个人关系很好时也要记住不能丧失每个人的个性。

D．遇到男朋友之前需要女朋友，不过我更喜欢男朋友。如果只顾和男朋友交往而忽视好朋友，和男朋友分手后会很孤独和难过。在人生旅途中，好朋友才是一直默默陪在你身边的人。

03 ☆ 人气和友情不一样

　　午休时间，最热闹的地方要数恩秀周围了。恩秀在同学当中，特别是女同学当中人气很高。偶尔她也会觉得朋友们很烦，不过恩秀从来没有皱过眉或发过脾气。

　　可是午饭快要吃完的时候，恩秀的同桌智恩突然打开恩秀的书包，从里面翻出了一盒点心。

　　"哇，你居然……"

　　恩秀觉得智恩不应该随便打开自己的书包，她想说什么又忍住了。智恩把别人的东西当成自己的一样随便乱动真的很讨厌，可是她觉得要成为人气女生就得忍着。

　　话说回来，因为人气太高有时候做不喜欢的事真的很难受。特别是参加自己不喜欢的歌手的歌迷会，真的很让人头疼。

　　"星期日你去吧？一定要去哦！我好喜欢那个歌手。"

　　在同学们的吵嚷声中，恩秀深呼吸一下，下定决心似的，艰难地开了口：

　　"对不起大家，我可能去不了了。"

　　恩秀的话刚一出口，同学们像出了什么大事似的大呼小叫起来。

"不行啊，你这是背叛朋友，一起去吧，啊？我们不是朋

友嘛！"

恩秀被智恩烦得不行，又不知如何是好了。

人气高不等于朋友多

我不去歌迷会活动了，我不喜欢那个歌手。

哇，你这是无视我们的存在！

是不是嫌歌迷会活动太幼稚了，不想去了？

真没劲！

恩秀终于鼓足勇气说了出来，没去参加不喜欢的歌迷会活动。可是第二天大家都以智恩为中心，悄悄地孤立恩秀。一天之间人气同学就没人理了，恩秀不知道接下来该如何是好。

因人气问题而苦恼的恩秀

1 人气总是变化的

今天的人气冠军明天也可能无人问津，不要过于烦恼，马上就有新的变化。

2 今天的烦恼一定会过去的

别忘了困难和烦恼总会过去的。

3 尽可能利用起一个人的时间

花一些时间来深入了解自己、仔细观察朋友，这样一定会找到真正的朋友的。一定会的！

发掘朋友能力：
柳成龙和李舜臣的友情

　　乌龟船的制造者李舜臣（朝鲜时代著名武将，武科及第后任地方节度使，制造出著名的乌龟船等扩充军备，为击败当时倭寇入侵立下大功，后于海战中中流弹身亡——译者注）从小就和柳成龙（朝鲜时代宰相，两次日本倭寇入侵时举荐李舜臣等名将，以道学、文章、德行、书法等闻名——译者注）是好朋友。长大以后柳成龙平步青云做了高官，而李舜臣只是个末等武官，还被卷入党派之争丢了职位。

　　"舜臣，你去拜访一下李珥先生（朝鲜中期的著名学者——译者注）吧，我已经拜托先生帮你忙了。"柳成龙觉得李舜臣丢了官职非常可惜，就拜托李舜臣同宗的李珥先生给予帮助。但是性格倔强的李舜臣拒绝了柳成龙的好意。

　　过了不久，李舜臣又重新被任命为训练员（朝鲜时代负责选拔军事人才、练习武艺、讲习兵书的官职——译者注）。李舜臣知道这是柳成龙推荐了自己。

　　"朋友，谢谢你这么信任我。"

李舜臣心里充满了对柳成龙的感激之情。

在日本倭寇入侵前，柳成龙又一次举荐李舜臣做地方节度使。虽然众多大臣反对，但柳成龙一直力荐到底，他相信以李舜臣的能力一定能把朝鲜的海岸边防守卫得固若金汤。

李舜臣果然没有让柳成龙失望，制造出乌龟船做好了坚守海防的准备，击败了入侵的倭寇，立下了赫赫战功。

如果柳成龙不相信朋友的能力，没有帮助李舜臣做上节度使的话，朝鲜的历史又会是什么样呢？

04 真朋友,假朋友

"切,走着瞧,我一定会找到和我最般配的朋友的。"

恩秀下定决心寻找新的朋友。

"白洁?不,白洁成绩太差了,虽然我成绩一般,可怎么说我也是班长啊,成绩好的人才和我般配!"

恩秀先在练习本上写下白洁的名字,然后在上面画了个叉。

"朵朵?朵朵爱装模作样,和我性格不合适。"

"珠瑛个子太矮,和她一起走会被人笑话吧?"

就这样同学的名字被一个一个地画上了叉,不知不觉竟然一个都没剩下。恩秀长叹了一口气。

这时秀珉突然抬起了头,秀珉刚转学来不久,之前也是班长,虽然有点爱出风头,但很聪明漂亮,而且给人非常干练的感觉。恩秀在练习本上大大地写下秀珉的名字,然后在下面画了个圈。

"嗯,秀珉才是和我这个班长最般配的朋友人选。"

课间休息时,恩秀走过去主动和秀珉搭话。

"秀珉,一会儿我们一起回家好吗?"

"呃，我得去补课班呢，你不去补课班吗？好像叫'英才教育'吧，听说咱们学校成绩好的学生都在那里补课呢。"

　　"英才教育？哦，我下个月开始也要去那儿补课。"

　　英才教育是需要通过考试才能进的培训学校，以恩秀的实力不知道能不能考进去呢。不过恩秀为了和秀珉做朋友说了谎。

朵朵
(X)

珠瑛
(X)

白洁
(X)

秀珉
(O)

Curiosity

真正的朋友是什么样的?

恩秀
朋友要实力相当,不是有那么句话吗？"物以类聚,人以群分",我的朋友得配得上我这个班长身份。

秀珉
我要找对我学习有帮助的朋友,能激发我竞争意识的人是最佳人选。我不会跟对成绩没有帮助的人交朋友。

智恩
真正的朋友?一起玩,说句话就管用的朋友最好!

朵朵
朋友要和自己心意相通。没有任何条件地喜欢你,替你担心的朋友才是真正的朋友。跟你交朋友还附加什么条件的朋友不是真正的朋友。

22

成为真正朋友的方法

❶ 打消通过朋友得到什么好处的想法

如果我的出发点很单纯，那朋友也不会想要从我这里得到什么。这样就能建立起一份真挚的友谊。

❷ 有困难时和她在一起

当她遇到困难时陪在她身边，即使不能帮上什么忙，也能给她精神上的支持和鼓励。

❸ 一起分享朋友的喜悦

伤心的事一起分担这很容易做到，但当朋友有了好事的时候，能做到一点不嫉妒地真心分享她的喜悦吗？如果能，那才是真正的朋友。

通过喜欢的颜色
了解我的性格

　　想交到好朋友，先要知道自己是什么样的人。通过喜欢的颜色了解自己的性格，想想自己会成为什么样的朋友。一起来看看吧。

喜欢红色的人

外向，充满自信，喜欢做活动性的事，喜欢有变化，所以有时候给人性格多变的感觉，但社交能力强，和刚见面的人也能成为朋友。

喜欢粉红色的人

心思细腻，充满爱心。内心非常脆弱，很容易受伤，但喜欢深粉红色的人出人意料地内心非常热情，心胸宽广，能成为给对方理解和温暖的朋友。

喜欢蓝色的人

认真谨慎的性格，认为自己对的事会坚持到底，擅长管理团队，能和其他人建立好关系。

喜欢白色的人

追求完美的完美主义者比较多。追求比现实更高的理想，也会因此感到孤独寂寞，但对朋友或家人非常好。

喜欢绿色的人

很能理解人，诚实、文静、有礼貌，和别人相处融洽，不喜欢在众人面前展示自己，喜欢和大家呆在一起。

05 ☆ 不要拿第一印象做判断

过去的几天，恩秀和秀珉好像处得很好。两个人一起吃饭，一起去洗手间，昨天还一起在恩秀家做了作业。

可是今天，秀珉的态度突然来了个180度大转弯。恩秀邀她一起去博物馆参观，她却很冷淡地回答道：

"不行，我星期六和妈妈一起去。"

秀珉看起来真的生气了，可是恩秀怎么想也想不明白自己究竟错在哪里。恩秀的心情也变得很差，她想去找秀珉问个究竟。

扫除时间恩秀去找秀珉，秀珉正在花坛边和智恩说话呢。恩秀轻手轻脚地走了过去。

"我真是没想到，我以为恩秀是班长，成绩应该很不错的，长得也挺聪明的样子。我是被她的第一印象给蒙骗了。我不和成绩差的人交朋友，这对我没有任何帮助。"

天啊，秀珉在背后说恩秀的坏话呢。

"喂！金秀珉，你在说什么？"

恩秀气得大声喊道。

秀珉吃惊地转回身看了看恩秀，冷冷地说道："你怎么能在背后偷听人家说话呢？看来跟我的差距真是太大了。"

"什么？差距？没有帮助？喂！难道你是以能不能得到好处为目的去交朋友吗？看来跟你真的不行了，交朋友不是看成绩，而是心意相通，你懂吗？"

可是说这话的同时，恩秀也很心虚。

用第一印象
做推测是不对的

不要用第一印象判断别人

第一印象在相见的 3 秒钟内就形成了。所以用第一印象判断人是很危险的。第一印象有可能准确，但更大的可能是错误的。

用第一印象判断对方，导致自己抱着很大的希望却得到更大的失望，这只能是自己的错，跟对方一点关系也没有。对方只是让你看到了他的模样而已。所以像秀珉说的"我被恩秀蒙骗了"是不对的。

特别是交朋友时不要拿"长得很漂亮，衣服穿得很得体，看起来很聪明的样子"这些第一印象来判断。要观察她的人品、性

一个水果店，2公斤草莓卖30元，那如果要买0.65公斤，应该是多少钱呢？

2:32=0.65:X
2X=20.8
X=10.4

格、兴趣等方面，想想跟自己是不是合得来。

但要留下好的第一印象

以第一印象判断对方是操之过急的表现。但是给初次见面的人留下一个好印象是件好事。如果我的第一印象能让对方对我产生好感，这样就容易搭上话，更方便和她成为朋友。

想留下良好的第一印象，可以通过微笑和端庄的衣着给人好感，但更重要的是亲切礼貌的话语和行动。发自内心的亲切和礼貌会给对方很舒服的感觉。

和不亲近的人
轻松交谈的方法

　　和关系不怎么亲近的人在一起时该怎么做呢？虽然有点别扭，不过利用这次机会也能变得更亲近，是不是需要一些轻松展开交谈的方法呢？

和不亲近的人轻松地交谈的方法

互相呈直角坐着

和不亲近的人面对面坐的话，眼睛不知道该看哪里，还有，坐得太远也不礼貌吧？和不亲近的人自然地问候后，保持适当的距离以直角的角度坐下最合适。

提出一个轻松的话题

对方和自己关系没那么近，说自己的性格、家事等和个人有关的事，很影响心情吧？所以和不亲近的人说说天气或者昨天看的书等轻松的主题比较好。

彩虹。

哇！

如果在一起的时间比较长就选两人的共同点交谈

在谈话的过程中选相似之处进行交谈。"我也很讨厌下雨天"，"我家也养着一只小狗"，"我也认识那个人，小时候和他一个幼儿园"，像这样寻找共同点轻松自然地交谈下去。

想关系更近就称赞对方

如果是以后想更亲密交往，多称赞一下对方是个好办法。穿的衣服很配本人，笑起来很好看，谁听了这些赞美的话语都会很快打消抵触情绪的。

你笑起来真漂亮。

衣服穿得跟你很配。

吵架后和好的方法

❶ 跑过去紧紧抱住她。

❷ 一直嘿嘿傻笑到朋友也和你一起笑。

❸ 给她买一个星期的冰激凌。

一定提前告诉她闹肚子了可不是我的错哦。

❹ 做个漂亮的卡片给她，贴满她喜欢的贴纸！

❺ 在家里招待她，亲自给她煮拉面，鸡蛋、香肠、奶油一个都不能少。

❻ 赛跑时故意输给她，但要让她感觉不到你是故意的。

❼ 把自己的小狗借给她一天，但一定先取得狗狗的同意哦。

❽ 用草叶给她做戒指和项链。

❾ 她作业里有难题帮她解，但绝不能抢功劳。

❿ 把朋友非常喜欢的自己的头绳送给她。

⓫ 给她做巧克力，吃了甜的东西，心情就变好。

⓬ 给她搔痒，等朋友笑了就说"你笑了，你不生气了。"然后正式向她道歉，再一起玩。

⓭ 跟别的朋友玩游戏，和她一伙，赢了的话自然就和好了吧？如果输了，在安慰她的同时，关系也能恢复了。

⑭ 真心地正式地跟她说：

“想和你继续好下去，失去你我会很伤心的。”如果是好朋友，一定会接受你的道歉。

想和你一起有更多快乐的记忆
我的好朋友，我很想念你~^^
为了我们不变的友谊
不管是喜是悲
还是不在一起的日子
我们的心永远在一起
吃了这个
就别生气了
接受
我的道歉
礼物
对不起

Best Friend

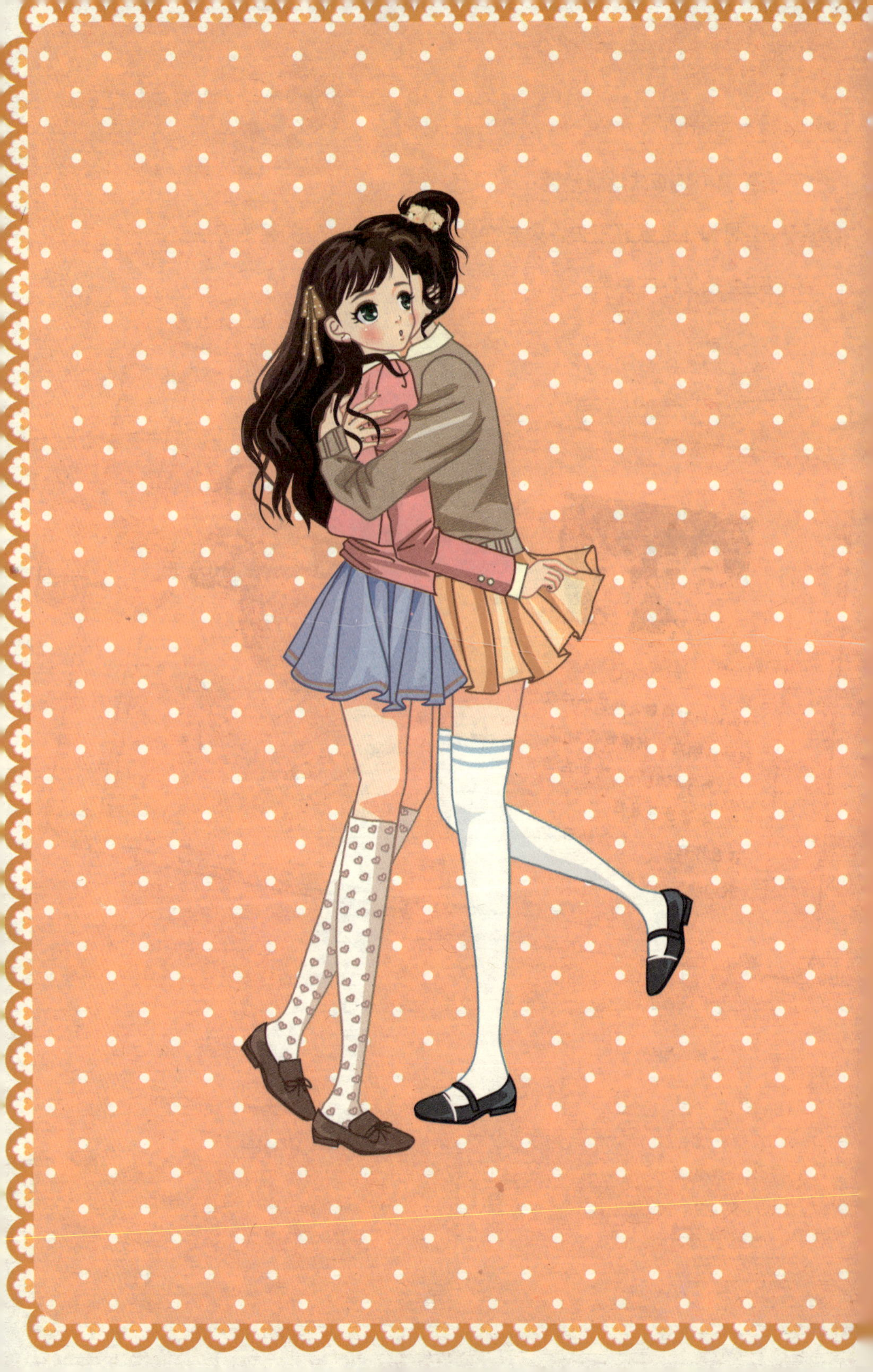

第 2 章

我最重要的好伙伴

01 有了秘密才是好伙伴

恩秀吃完饭就赶忙去了后山，后山有座坟，所以平时很少有人去那里，但是恩秀却大踏步地走向那座坟。一听到有人来了，正在睡懒觉的小黄警惕地竖起了耳朵。

"小黄啊，看我给你带什么好吃的了，快吃吧。"

恩秀一边叫着小狗的名字，一边从塑料桶里拿出狗粮喂着。小黄大口大口地吃开了。

"咦，这不是恩秀吗？"

"啊？朵朵，你怎么在这儿？"

"我偶尔一个人来这里看看书。"

朵朵的话让恩秀感到很意外，在恩秀看来，朵朵很胆小，应该不敢来这种地方。

"有人说这里有鬼呢，朵朵你不害怕吗？"

"哦，我不怕，你呢？"

"当然不怕啦，哪来的鬼啊？我给小黄喂食都来过好几次了，从来没遇到过鬼呢。"

恩秀和朵朵哈哈大笑个不停。

"恩秀，从现在起，把这里做我们的秘密基地怎么样？"好容易才停住笑的朵朵说道。

"好啊，小黄就是这里的守卫，我们给它改名叫'守卫'怎么样？"

"好！守卫！小黄啊，不，守卫！这里是恩秀我俩的地方，你要好好看守不要让别人进来，知道了吗？"

有了共同的秘密，恩秀和朵朵两个人马上就成了更加特别的朋友，像双胞胎一样的好伙伴。

用秘密让关系更近

秘密能让朋友关系更近，也能让关系变得疏远。像朵朵和恩秀两个人就突然有了伙伴的感觉，建立了更深的友情。所以朋友之间可以制造一些暗号，在很多人面前可以说一些只有两个人才能听懂的话。想和朋友关系更好，不妨制造一些两个人共同拥有的小秘密。

朋友的关系也有可能因秘密而疏远，就是两个人中有人泄露了秘密的时候。这时要在朋友通过其他人知道秘密被泄露之前，如实告诉朋友，并向朋友道歉。否则朋友会非常难过的。

制造朋友之间秘密的方法

和朋友写交换日记

准备一个漂亮的本子，每天和朋友换一次，把想和朋友说的话写在上面。这时候把一些秘密写下来，就成为只有你和她才知道的秘密了。

我们老地方见吧

嗯！

找一个秘密场所

"我们在老地方见。"选一个这样的地方。学校前面的饭店、公园的长椅、图书馆、休息室等，一说"老地方"朋友就能知道。

用同样的铅笔、同样的书包、同样的发带

像双胞胎姐妹一样，外表整齐划一怎么样？虽然有点幼稚，但可能比你想的更有意思哦。

有幸福感
才能交到朋友！

总是紧皱眉头，天天垂头丧气，或者总是很气愤的眼神，这个样子谁会和你做朋友呢？幸福是能传染的，幸福的人身边朋友自然多。

我有多幸福呢？你的幸福感够不够和朋友分享呢？我们一起来看看吧。

有半杯非常非常美味的草莓汁，看着它你心里会怎么想呢？

❶ 哇，还有半杯呢！真好啊！

❷ 什么呀，就剩下不到半杯了。

❸ 嗯，有半杯草莓汁，
　没什么别的想法。

❶ "还有半杯呢！"

　　幸福指数100

积极乐观的性格，不管遇到什么困难也能找到幸福的性格，你甜甜的微笑会吸引很多朋友在你身边的。

❷ "就剩下不到半杯了"

　　幸福指数30

消极的性格，带来不幸的人。对未来多一点希望，在小事中寻找幸福感吧。这样你能发现很多让你开心的事。

❸ "嗯，有半杯草莓汁"

　　幸福指数50

问自己"我幸福吗？"不如努力地对待自己的人生。如果努力去寻找幸福，一定能过得更快乐。

02☆ 自尊心和友情

"真的吗？朵朵是只和妈妈一起生活吗？"

恩秀从补课班的同学竹婉那里听说了朵朵家里的事。朵朵的父母去年离婚了，现在朵朵和妈妈住在一起。朵朵的爸爸是医生，和竹婉的妈妈在同一个医院工作，所以竹婉知道了这些事。

"朵朵该多伤心啊。"

恩秀真的很替朵朵难过，她很想安慰安慰朵朵。所以马上跑去朵朵那里紧紧地抱住朵朵。

"恩秀，你干嘛呢这是？"

恩秀抱得更紧了，她发自内心地说道：

"朵朵，对不起，我总是在你面前说我爸爸的事。我现在才知道。你是不是很想念爸爸呀？为什么不早点告诉我呢？我们不是同甘共苦的好朋友吗？你有没有困难？有需要我帮忙的尽管跟我说。"

恩秀真诚的关心话说完了。可是朵朵却低着头一点反应也没有。恩秀感觉到气氛有点不对劲。

"朵朵，你是不是哭了？"

恩秀问道。

朵朵摇了摇头，然后用很低沉的声音说道："我还不想跟任何人说这件事，还有，我没你想的那么可怜，也没什么困难。我爸爸是世界上最好的爸爸。"

朵朵冷冷地说完，"噌"地转身走掉了。恩秀看朵朵如此无视自己真心的关怀，心里很不是滋味。

维护朋友的自尊心

帮助别人当然是件好事，得到帮助的人也应该向帮助她的人表示感谢。但是有时候得到帮助的人反而不太高兴，没准儿还说我很差劲呢。也许是你在帮助她的过程中伤到了她的自尊心。

我们不喜欢别人同情自己。所以"因为觉得你可怜，所以我帮你"的感觉不如自己一个人艰难地坚持的感觉更舒服。

所以有时候装作不知道朋友的缺点，等她自己去克服困难，维护她的自尊，这更值得人感激。想帮助朋友的时候记得不要伤害她的自尊心。

聪明的朋友这样帮助别人

❶ 不让朋友察觉，在背后默默帮助她。

大呼小叫地帮忙等于在炫耀"我现在在做好事，大家快来看"。这种帮忙不是为了别人，而是为了自己的虚荣心。

❷ 直率地说出想帮助她

需要帮助的朋友因为自尊心强不好开口的话，就直接跟她讲："看你那么难过，我心里也很不舒服，为了让我心里好过一些，希望你能接受我的帮助。"如果是发自内心，真诚地向她说，朋友也会感谢你的。

❸ 不要想付出多少就得到多少

帮助别人之后不要期望得到什么回报。希望得到礼物、钱或者别人的感谢、称赞甚至是什么奖励都是不对的。

45

维护朋友的自尊心：
米勒和卢梭的友情

　　以《晚钟》闻名于世的画家米勒曾居住于巴黎近郊的一个小村庄。当时他还只是个默默无闻的画家，日子过得非常艰难，别说买颜料了，连吃饭都成问题。

　　他的朋友卢梭很清楚米勒的困境，一直想帮助他，但他非常小心，怕伤到朋友的自尊心。

　　有一天卢梭想到了一个好办法。他立刻去米勒的家里找他。

　　"米勒，告诉你一个好消息，威尔绅士说要买你的一幅画。钱都已经先给我了。"

真的吗？

威尔绅士说要买你的一幅画。

"真的吗？真是太好了！我现在连颜料都买不起了。威尔绅士说买哪幅画了吗？"

"他让我替他选一幅好的。"

卢梭迅速地扫视了一下米勒的画作，选中了其中一幅。

"这个就很好！给，这是买画的钱。"

其实这幅画是卢梭买的。

卢梭很想帮助朋友米勒，可是他怕米勒会拒绝自己的钱，所以他借口别人买画把钱给了米勒。

后来得知了真相的米勒非常感激朋友能够维护自己的自尊。

47

03 ☆ 约定一定要遵守

"别忘了，明天下午 3 点。"

分手前朵朵又跟恩秀说了一次，两个人约好一起去看电影了。恩秀也向她做了一个 OK 的手势。

可是第二天上午，妈妈突然决定要带恩秀去奶奶家。

"不行啊，我和朵朵约好了去看电影的。"

"那你赶紧打电话告诉她，说你不能去了。"

妈妈总是这样独断专行。

没办法，恩秀只好给朵朵家打电话，可是没人接。打了好几次都没人接。

"妈妈，朵朵家没人接电话，她可能已经出去了。"

"那没办法了，恩秀，赶紧收拾跟我走！"

恩秀无可奈何地被妈妈拉着去了奶奶家。奶奶家堂兄弟姐妹们都来了。恩秀好久没见到他们了，跟他们玩得很开心，也完全忘了和朵朵的约定。

这时，朵朵正在电影院门前等着恩秀。

可是都等了 30 分钟恩秀还没来，朵朵往恩秀家打电话也没有人接。

　　"天啊，难道恩秀忘了我俩的约定吗？"

　　朵朵气得头都要炸了。好伙伴约定就这么给忘了，这也太过分了吧？朵朵好像听到友情在耳边"砰"地一声碎了。

违背了约定怎么办?

妹妹的约定、朋友的约定

当然是先约好的

哪个约定更重要呢?

校规、强势朋友的约定

老师约定、妈妈的约定

学校规则
1...
2...
3...

几个朋友的约定、一个朋友的约定

没法说哪个约定更重要。每个约定都很重要，都应该遵守。要想不为该遵守哪个约定而苦恼的话，只要约定的时间、约定的内容不冲突就可以了，所以和别人约定时一定要慎重地想好。

和朋友约好了怎么办呢……

即使这样，有时候也会遇到一些不得不违约的情况。比如，和朋友约好要见面的，可是妈妈突然要外出，难道只留小妹妹一个人在家吗？总不能把妹妹扔在家里，自己去见朋友啊。

这时该向那个没有遵守约定的朋友说些什么呢？不能不问是非地乱发脾气，先听听她是怎么说的，不遵守约定是不对的，但是如果朋友事出有因的话也该给予谅解。

不要欺负朋友

学校里有时候会发生欺负朋友的情况。为了避免这种事要下定决心"我绝不欺负任何人"。欺负不仅指打朋友或抢朋友的东西，还包括以轻视的态度对待朋友、背后说人坏话、散播不好的传闻等等。

有时候你不欺负朋友，朋友却来欺负你。我并没做错什么啊，这时候该怎么办呢？

你知道吗？
朵朵她……

真的吗？

如何战胜欺负你的朋友

1 总会结束的，不要自暴自弃，不要绝望，要有希望。

2 不对欺负你的朋友使用暴力，搞不好争吵加剧，事情会更麻烦。

3 避开欺负我的朋友。注意不要制造只有你俩在一起的机会，平时和很多朋友一起去人多的地方。如果发生只和那个人在一起的情况，赶紧逃离。

4 直视着欺负你的人的眼睛，大声说"不要这样！"

5 如果一个人实在解决不了，就告诉父母或老师，请求帮助。

04 你的是你的 我的是我的

"朵朵，不好意思，我妹妹好像把水杯打翻了，弄湿了你的本子。"智恩把本子还给朵朵时说道。

朵朵觉得不太严重的话也没什么，可接过来一看，本子皱皱巴巴的太不像样子了。

"是、是吗？可是这也太严重了吧。"

朵朵微微皱起了眉头。见此情景，善于察言观色的智恩立刻大呼小叫起来：

"是啊，我妹妹不知道到底像谁，完全就是个淘气包，真是让我不省心。"

智恩一直说妹妹的不是，朵朵也不好再多说什么了。可是在旁边看着的恩秀忍不住开口了：

54

"智恩，你太过分了。借了人家的东西就该好好保管，这是怎么搞的？"

"没关系的，恩秀，大家都是朋友，而且她也不是故意的。"

"什么不是故意的呀，对别人的东西也太不珍惜了吧。"

恩秀本来就是个非常爱惜自己东西的人。可是几天后，朵朵弄丢了恩秀的自动铅笔。

恩秀，我把你的自动铅笔弄丢了，太抱歉了。我买个一样的给你。

"怎么办呢？恩秀知道我弄丢了她的东西会非常不高兴的。不过应该会原谅我这个好伙伴吧？"

朵朵担心了好一阵子才对恩秀说："恩秀，我把你的自动铅笔弄丢了，太抱歉了。我买个一样的给你。"

爱惜朋友的东西

　　好朋友之间，东西不分你我互相使用，常常发生弄坏了或弄丢了的情况。所以最好不要跟别人借东西用。

　　有的人非常爱惜自己的东西，稍微有一点磕磕碰碰都会不高兴。还有人把别人的东西弄坏了也不以为然。想法不一的人互相使用对方的东西总会发生一些矛盾的。

　　一定要跟朋友借东西用时，要加倍小心别弄坏或弄丢了。

　　相反，你把东西借给朋友时也要想"有可能被弄丢或弄坏

怎么办？

了，我也不能怪她"。这样当东西弄丢或弄坏时也不会和朋友吵架。如果是你非常珍惜的东西，就直接说"对不起，它对我来说很重要，不能弄丢或有一丝损坏，所以我不能借给你"。

　　但是有一样东西，无论任何情况都不能借给别人或是向别人借。那就是"钱"。当朋友跟你借钱时，明白地告诉她"在我成为大人之前，不想跟朋友有金钱的关系。对不起。"一开始朋友会不高兴，但时间久了她会觉得你做得很对。

有可能被弄丢或弄坏了，那我也不能怪她。

在我成为大人之前，不想跟朋友有金钱的关系。对不起。

和朋友 吵架的注意事项

　　当然最好是不要和朋友吵架，大家和睦相处。但是如果到了非吵不可的地步，那就好好吵一架吧！不是要让你吵赢对方，而是让你知道吵架时应该注意哪些，方便以后能更快和好。

不使用暴力
特别是拽人头发或打人耳光的事，绝对不可以。

不把别人牵扯进来
"恩秀说你这个人很差劲。"以这样的方式把别的朋友牵扯进来，会让那个人很为难。

集中在现在这个主题上
把以前的事也翻出来，会让争吵更激烈。

不说对方的身体弱点

"小不点儿"，"腿上的疤真难看"等说对方身体的弱点是非常非常无能的表现。

不用讽刺的语气说话

比大声喊、发火更差劲的是讽刺的语气。

不扔东西

在气头上时乱扔东西，砸到朋友的话，就非常难以和好了。

别忘了明天还会见到对方

不管怎么生气，都是低头不见抬头见的同班或一个小区的朋友。不要越过最后的底线，免得再见面时尴尬。

05 ☆ 我们不一样，但还是朋友

朵朵和恩秀决定放学后一起上课外兴趣课。

"游泳怎么样？又凉快又好玩。"

喜欢运动的朵朵说道。

"我有小肚子，不喜欢穿泳装。"

恩秀心里嘀咕道。但是脸上笑着说道：

"游泳？怎么办呢？我幼儿园时掉进水池差点淹死，从那以后再也没游过泳。要不我们学习魔法气球吧，以后可以给别人表演气球魔术，有意思吧？"

"气球？鼓起腮帮使劲吹，还要又拧又绕的，样子太可笑了，还要提心吊胆的小心气球爆了，气球一爆耳朵不被振聋啊？"

恩秀和朵朵都在心里暗自嘀咕。最近这样不合拍的事不是一次两次了。

一阵沉默过后，呼，不知是谁在小声地叹息着：

"那我们学论述吧？可以读到很多有意思的书呢。"

"论述？好，书当然是读得越多越好。"

两个人点了点头陷入了沉思。是选择自己本来喜欢的科目？

还是选可以一起学的科目呢?

"恩秀，那我们一起学论述吧。"

"我也是这么想的。"

结果两个人选择了可以一起学的科目，手拉手走向了论述班。

不以友情的名义约束别人

　　恩秀和朵朵为了能在一起放弃了各自的兴趣去了论述班。但这是为了友情吗？两个人的内心深处不满的情绪一点点地在放大。还不如认可对方和自己的不同之处，选择自己喜欢的兴趣课更好呢。

　　越是好朋友，越想干什么都在一起。但是如果忘了每个人都有自己的个性这一点，以友情的名义约束别人的话，不知不觉约束就超过了友情的分量，朋友也会变得讨厌的。

想不约束朋友的话

❶ 不拿自己做判断标准

再怎么亲密的关系，也要承认对方有自己的世界。在以自己为标准判断对错之前，一定要尊重朋友的想法和生活。

❷ 不光好伙伴是朋友

不要在一棵树上吊死，和其他朋友也要处好关系，把你注意的对象扩展到更多的朋友身上，那样约束朋友的事也就少了。

❸ 想做的事要清楚地说出来

为了照顾朋友的心情，每次都放弃自己想做的事，长期下去，就会产生远离朋友的想法。

友情
让朋友变成主角

　　如果说人生是一场戏，谁都想做主角。比起那些没有任何台词的路人甲，谁都想做衣服漂亮、台词酷酷的主角。但是真正的朋友知道有些时候需要把朋友衬托得更耀眼。友情让朋友变成主角。

在朋友家人面前
特别是朋友的弟弟妹妹面前
在朋友的男朋友面前
特别是朋友暗恋的男生面前
在朋友的朋友面前
特别是朋友认为的竞争对象面前
朋友有能力做好却很犹豫的时候
朋友失去勇气没有斗志的时候

　　要控制自己想出风头和想表现的欲望，让朋友有更好的表现，这才是真正的友情。

让朋友做主角的方法

❶ 不要比朋友打扮得更漂亮，把自己漂亮的发卡送给朋友，让她更出众。

❷ 制造更多让朋友讲话的机会。

❸ 如果是朋友能做好的事，我替她举手申请。

❹ 经常向朋友说"你真漂亮。"

你真漂亮！

第3章

动摇的
友情

01 ☆ 友情考验第一关，变化

"郑朵朵，加油！"

朵朵从钢琴旁向门口看去，看到了恩秀和允静。恩秀和允静脸上带着自豪的表情从门缝探出头给朵朵加油。

朵朵报名参加了这次钢琴比赛，所以放学后就和音乐老师在音乐室练习。

这下搞得恩秀得孤零零一个人回家了，幸亏在论述班里认识了允静和小晨，她们在一起也很开心。

但是朵朵很不高兴。恩秀和别人在一起看起来比和自己在一起似乎玩得更开心。

"我，不想参加钢琴比赛了。"

朵朵的话像投下了一个重磅炸弹，恩秀和朋友们大吃一惊，一开始朵朵一口咬定是因为自己不喜欢所以不参加钢琴比赛，但是和恩秀单独在一起时说出了心里话。

"我一个人练习钢琴，你和允静好像好伙伴似的在一起，我不想看到你这样，真希望我们能回到从前。"

"朵朵，我理解你的心情，我也希望我们以后一直都是一个班级、不论什么都一起做，可是这很难做到。"

心情低落的朵朵使起了性子。

"为什么不行呢？你是不是更喜欢和允静一起玩？"

虽然是发了脾气，可朵朵心里还是有气。

我不想参加钢琴比赛了。

接受变化

　　朵朵和恩秀的友情遇到了一个关口。从两个好伙伴的关系转变为几个人的小团队，因为钢琴比赛的关系，放学后的活动内容也和以前不一样了。

　　变化本身其实并不是什么困难，也没什么可恐惧的。十多岁时谁都要经历很多变化。会因为父母工作的原因转学，也会因为升了年级重新分班，还会因为一件小事和朋友永远分开。虽然心是不变的，但周围的情况是一直在变化的，最喜欢的朋友会不能再见。

但如果在这些变化面前心情沮丧地拒绝接受现实的话，人生会变得困难重重。变化就如同一座小山峰，在登上顶峰之前虽然有很多困难，但登顶之后就能迎来一个新的世界。展望一下未来新的世界吧，那样就能以积极的心态接受变化了。

像朵朵和恩秀的友情一样，变化不知何时就会降临到她们头上。这时不要恐惧，坚定信心，只要心不变，友情的形式无论怎样变化，她们也还是朋友。

71

善意的竞争：肖邦和李斯特

肖邦刚刚有些名气时，李斯特已经是非常著名的钢琴演奏家了。英俊的外表、热情的言谈、近乎神奇的钢琴演奏，李斯特用这些完全征服了人们。

有一天李斯特听到了肖邦演奏的钢琴曲。美妙的乐曲刚刚结束，李斯特就热烈地鼓起掌来。

"演奏得太出色了！你好，很高兴认识你，我是钢琴演奏者李斯特。"

李斯特伸出了手说道。

之后两个人成了朋友。他们一起讨论音乐，一起在演奏会上演奏乐曲互相竞争。两个人的音乐风格完全不同，但都非常受人们的欢迎。

有一次李斯特演奏了肖邦谱写的《夜曲》，虽然演奏的手法非常娴熟，但无法表达出作曲者肖邦的意图。肖邦气得涨红了脸大声喊道：

"好了！不要那样演奏我的乐曲，我忍无可忍了。"

李斯特大吃了一惊，心里十分不悦。他自信自己演奏的水平不输给任何人，但肖邦居然如此对待自己！

"那你来演奏一下吧。"

肖邦稳定一下情绪，坐在钢琴前面。屋子里马上响起了动听的旋律。李斯特完全沉浸在了肖邦演奏的乐曲中。终于，演奏结束了，李斯特猛地抓住肖邦的手：

"对不起，我差点搞砸了你的曲子。"

两个人就这样又和好了。

肖邦和李斯特这两位钢琴天才既认可对方的才能和音乐水平，又互相竞争，他们结下了深厚的友谊。

对不起，我差点搞砸了你的曲子。

02 ☆ 席卷而来的嫉妒暴风

决心接受变化之后朵朵和几个朋友相处得很融洽。

一次朵朵买来了三明治。之前她只给恩秀买，现在连小晨和允静的也给买来了。

"小晨，我记得你不吃鸡蛋吧？这里面只放了香肠、奶油和蔬菜。允静你不爱吃西红柿吧，给你这个。"

朵朵热情又亲切地把三明治分给大家。

"哇，把我们的口味都记住了，你真了不起。"

"对啊，想得很周到啊，像妈妈一样细心。"

允静和小晨非常开心。

看到这种情况恩秀本该很开心的，可不知道为什么她感到一丝失落。也许因为之前是恩秀把朵朵和允静、小晨凑在一起的，可现在好像朵朵却成了朋友的中心。

那天数学课上也有类似的感觉。恩秀去前面黑板上解题做错了，朵朵一去就做对了。

"这有什么呀，本来朵朵成绩就好嘛。"

即使恩秀这么安慰自己，心里还是有点不舒服。她感觉是因为朵朵所以自己做错数学题这件事才更引人注意，所以现在看到朵朵都觉得有点讨厌。

"天啊，我是在嫉妒别人吗？"

恩秀心里暗自吃了一惊。真没想到自己和朵朵之间居然会有嫉妒这种事发生。

如何对待嫉妒

你嫉妒过好朋友吗？

朵朵

偶尔，不，比我想的要多，恩秀和朋友的关系特别好。不管和谁见面，3分钟就能聊得火热。我绝对做不到恩秀那样。

允静

我嫉妒聪明又能干的小晨。有时候我会直接说你太优秀了，真让我嫉妒。说出口的一瞬间嫉妒心消去了不少。

恩秀

看到比我更受欢迎的人会嫉妒。最初是讨厌朋友，现在我选择自己努力。我更帅、更亲切的话，我的人气也会上升的。

嫉妒别人的时候该怎么办

❶ 把对方当做善意竞争的对象

嫉妒是因为你觉得朋友比自己好，
比自己出色。化嫉妒为动力和朋友
来一场善意的竞争怎么样？和朋友
一起发展、一起培养友情不是最理
想的一条路吗？

我也能做到！

❷ 衡量嫉妒心和友情的重量

如果非常非常嫉妒的话，会开始讨厌朋友。这时该衡量一下嫉妒心
和友情的重量。如果友情比嫉妒心重一些，就和朋友击掌，重新和
她好好相处，如果相反呢，虽然有点可惜，但最好一段时间之内先
和朋友保持距离吧。

友情

我的嫉妒心有多重

　　我非常喜欢我的朋友，但有时候也嫉妒朋友。我的嫉妒心到底有多重？

1. 我想参加的美术比赛，朋友参加了。对面带歉意向我微笑的朋友，我会怎么说呢？

❶ "哼！是不是为了表现给老师看啊？"（5分）

❷ "我也能做到，不过还是祝贺你！"（3分）

❸ "我也想参加，不过既然你参加了就该让给你，嘿嘿！不过你要好好表现哦！加油！"（0分）

2. 我非常想得到的手册，被朋友买到了，而且是我买不起的很贵的手册。"漂亮吧？好看吧？"对炫耀手册的朋友你会说什么呢？

❶ "好了！炫耀比我钱多是吗？"（5分）

❷ "好看是好看，是不是太显眼了？"（2分）

❸ "真漂亮，你用真合适！"（0分）

3. 好伙伴上课外辅导班时结交了新朋友。可是似乎跟她们玩得特别开心，星期六也和新朋友们去图书馆，去新朋友家玩。甚至只落下我一个去参加新朋友的生日派对。这时该怎么办呢？

❶ 狠狠地对她说："跟你绝交！"（5分）

❷ 背后和新朋友说："我不太喜欢她。"（5分）

❸ 轻松地对她说："我也想和你的新朋友一起玩，什么时候有时间一起玩吧？"（0分）

11分以上

嫉妒心很强，对自己喜欢的朋友要有更多理解和谦让之心。

10分以下

一般的嫉妒。不需要为嫉妒烦恼。

03 ☆ 没必要的忠告

"哇哈哈哈。"

体育课上同学们爆发出一阵笑声。老师让班长恩秀做跳马的示范，结果马没跳成，自己却稀里哗啦地摔倒了。个子又高又苗条的恩秀看起来很有运动天赋，其实很不在行。

看到恩秀滑稽地摔倒的样子男同学都笑得前仰后合的。恩秀赶紧灰溜溜地逃回了自己的位置。

"哎呀，老师发什么神经，干嘛让我来做这种事！"

恩秀很是恼火。这时小晨劝恩秀，小晨虽然个子不高，但跳马很棒。

"像你那样想一下子跳过去当然会摔倒了。应该在跳的过程中借助一下外力，要事先想好手要扶什么地方，然后再助跑跳过去。我看你上体育课都不动什么脑筋，体育也是要靠脑子思考的，来，我教你，你再跳一次试试。"

小晨想帮助恩秀。可是恩秀突然发起火来：

"哎呀！行了。你跳得好还不行吗?！"

"恩秀你发什么脾气呀？你做得不好我想帮你呢，你连朋友的忠告都不听吗？"

　　小晨也不客气地反驳道，恩秀也不甘示弱。

　　"你啊，非得让我在众人面前丢脸吗?!"

　　两个人的嗓门越来越大，允静和朵朵赶紧过来劝架。但是由忠告引发的这场争吵的阴影好几天都没消去。

加深友情的忠告方式

忠告的目的是希望对方更好。小晨也是为了恩秀能成功跳马或做得更好才给她忠告的。但是恩秀为什么那么生气呢?

恩秀的心里话

那不是忠告,那是让我在朋友们面前更丢脸。小晨真想我好的话,不该那么大声地说什么要动脑思考之类的话。

小晨的心里话

我是想她好才那么说的,她发那么大的火真是莫名其妙。恩秀连朋友真心的忠告都不能接受,心胸太狭窄了,真让我失望。

朋友之间很多时候会因忠告产生问题，所以即使是要给朋友忠告也有需要注意的地方。

忠告时要这样：

❶ 先说做得好的，之后再出不足之处。

"恩秀你的步幅正符合标准，很好，只要中途再借助一下外力就很顺利地跳过去了。"

恩秀你的步幅正符合标准

❷ 指出不足时要委婉地说。

"哇！换新衣服了。真漂亮，不过我看运动鞋比皮鞋更合适这身衣服呢。"

穿运动鞋也很漂亮

❸ 不要在众人面前说出别人的失误

"咦，刚才恩秀说错了，过后得悄悄告诉她。"

吸引朋友的话语，失去朋友的话语

　　知道朋友之间的一句话有多重要吗？一句话可以结交一个朋友，也可以失去一个朋友。

失去朋友的话语

"讨厌，烦人，见鬼。"

说"讨厌"比说"喜欢"多的人，整天抱怨个不停的人，谁爱和这样的人在一起呢？这些话说出口，连旁边的人心情都会受影响。

"哼！切！"

每句话结尾都从鼻孔发出这种的声音，这样无视对方的冷嘲热讽，是非常不好的习惯。每次冷嘲热讽都会失去一个朋友。

那个……

哼！

吸引朋友的话语

"谢谢！"

即使是小小的帮助也要笑着感谢对方。这样，每时每刻都会让人有好心情！

"不好意思……"

"把那杯水递给我"和"不好意思，请把那杯水递给我好吗？"哪句更好呢？拜托别人时要有礼貌地说"不好意思"或"请你……"等。

"原来你是这么想的，不过我想的和你不太一样，我说给你听听？"

和朋友意见相反时，说"不是那样的，傻瓜"的话，不管你的看法对不对，首先已经伤了朋友的心。先认可朋友的看法，然后再说出自己的想法，这样气氛才不会搞僵。

不好意思，能不能把那杯水递给我？

04 有了男朋友

为了纪念恩秀和小晨和好，四个人决定一起去吃冰激凌。正好碰上世文，世文给恩秀买了冰激凌。

"哇！"

允静和小晨故意起哄。世文的脸腾的一下红了，慌忙逃掉了。但临走时回头向恩秀做了个 V 的手势。

"我和世文交往交往怎么样呢？"

恩秀悄悄问朵朵。

"行啊，选世文这样的人做男朋友还不错。"

"你喜欢的话没办法，不过你和他交往了也不能冷落我们哦。"

朋友们都投赞成票。

第二天恩秀和世文公开交往了。

除了去洗手间，他俩时时都黏在一起，交往第三天就戴上了情侣戒指。

可是两人开始交往之后，恩秀整天都和世文在一起，完全冷落了原来的朋友们，连和朋友们的约定也全忘了。好容易和朋友们聚在一起，开口闭口说的都是关于世文的事，让其他朋友都觉得很没趣。

　　恩秀甚至忘了和朋友们一起写作业，朵朵、小晨、允静心里都很不舒服。

　　"恩秀她是不是变了很多？"

　　"是啊，男朋友有那么好吗？"

　　"看他俩能处多久，要是分手了，回来跟我们哭，谁也别理她！"

我的朋友有了男朋友！

和朋友关系最容易变坏的情况就是有了异性朋友。所有注意力都转移到异性朋友身上，很容易冷落之前的好朋友。有没有办法把异性朋友和原来的朋友都照顾好呢？

和有了男朋友的朋友继续好下去的方法

❶ 认可朋友的私生活，朋友喜欢男朋友的话，我只能接受，不管我喜不喜欢。

❷ 不能抢走朋友的男朋友，这样会永远失去朋友的。

❸ 偶尔也要帮他俩忙。他们吵架时从中调解什么的。这样我和朋友的关系就更好了。

有了男朋友怎样维持和朋友的友情

❶ 男朋友再好也要腾出时间来陪朋友。

当朋友需要我时，即使放弃男朋友的约会也要马上跑去。

❷ 别总是跟朋友说太多关于男朋友的话。

和朋友们聊女孩之间的事更有助于加深友谊。

❸ 让男朋友和我的朋友关系更近。

为此要计划好时间。大家在一起的时候，少关心男朋友，多关心朋友。否则朋友会感到被冷落。

为什么 我没有男朋友?

和同性朋友一起玩很开心,不过偶尔也希望自己也有男朋友。我为什么没有男朋友呢? 想想我存在哪些问题。

我太矜持

男生们不喜欢太文静的、爱出风头的、娇滴滴的女生。那让人感觉很假。男生喜欢的是直爽、亲切、有亲和力的女孩。

我太冒失

爱运动、性格活泼这很好,但如果太过格了会让男生们避之不及的。男生们喜欢又爽朗感情又丰富的女生。

砰~

看不透内心的女朋友

女生有秘密才显得神秘？但完全看不透心思的女生一点美丽也没有。根本就不知道她到底喜欢什么、想干什么或讨厌什么，这样会让人感觉很累。

喜欢说三道四的女朋友

有些人一开口就张家长李家短的，这样的人长得再漂亮也会让人生厌。

喜欢让人买单的女朋友

总是让男朋友请吃饭，只喜欢收人家礼物，这样的人很快就会被甩的。总给你买单是一种负担。

05 ☆ 礼物和心意之间

　　小晨生日时开派对招待允静、恩秀、朵朵。允静的礼物是小晨喜欢的笔筒，朵朵的礼物是一本童话书，可恩秀却什么礼物也没带空手而来。

　　"朋友之间还需要送什么礼物呢？心意是最重要的。我对你多好，你还不知道吗？"

　　恩秀哈哈哈笑着豪爽地说道。第二天小晨跟允静吐苦水：

　　"恩秀生日时我都送她礼物了，她怎么能这样呢？收了人家礼物却不懂得礼尚往来。"

　　几天之后是世文的生日。唱生日歌吹了蜡烛后，朋友们一一送上礼物。这次恩秀还是什么礼物都没准备。

　　"恩秀连男朋友的礼物都没给买吗？"

　　因为上次礼物的事一直耿耿于怀的小晨报复似的大声说道。大家听了都看向恩秀。恩秀的脸变得通红。

　　"恩秀，真的什么礼物也没给我买吗？"

　　连世文都这么问，恩秀突然感到很丢脸。

　　恩秀以前一直以为礼物这种东西很形式化。恩秀陷入了苦恼。

“真心的祝福不是最重要的吗？可为什么大家都把我当成怪人呢？”

朋友之间一定要送礼物吗？

在你生日时朋友们虽然没送礼物，但他们都是满怀祝福来的，你会怎么想呢？光有心意就满足了吗？会不会像小晨或世文那样心里有点不舒服呢？

> 礼物这种形式化的东西不重要，只要心意到了就行。追求物质是庸俗的表现。

> 但是心意是看不到的呀，怎么知道是不是真心的呢？需要礼物来代表心意，而且只收礼物不送礼物很没礼貌。

当然朋友之间心意比形式更重要。

"想得到回赠的礼物"、"希望能对我更好"等别有用心地送上礼物，朋友收了反倒有心理负担。"我送你礼物了，你也得送我礼物"，怀着这种想法送出的礼物代表的不是心意，而只是物质交换。

"这是小晨喜欢的作家出的书，送给她做生日礼物吧"，如果带着这份诚意送出的礼物怎么样呢？小小的礼物让友情更深。但要送符合学生身份的，不能过于昂贵的礼物。

这是小晨喜欢的作家出的书，送她做生日礼物吧！

各种各样朋友的类型

　　人的长相各式各样，朋友的关系也有多种多样。想一想你是什么样的朋友，喜欢什么样的朋友。

热心助人的领导型朋友

嗓门大，个人主张强烈的人是领导型朋友。她会综合朋友们的意见确定结论，别人有了困难会主动提供帮助。只要不太固执，就是一个热心助人的好朋友。

跟我来！

幽默的喜剧型朋友

只要她一出现大家都会乐得合不拢嘴！这样的朋友非常受欢迎，所以人气很旺。记得偶尔真诚地考虑朋友的内心感受，就能成为最好的朋友。

英明的和平主义者朋友

再怎么亲密的朋友也会发生争执，像哥哥姐姐一样照顾朋友的人这时候会站出来调节双方。但是偶尔也要学着不要光听别人的，坚持一下自己的主张，那样不至于承受太多压力。

嘴不严，爱制造谣言的朋友

在朋友中最能引发问题的就是这种人。制造流言，制造误会。小小的传闻有时会像雪球一样越滚越大。

如果你是这种嘴不严的人，从现在开始努力改掉吧。好好区分开该说的和不该说的，明白了吗？

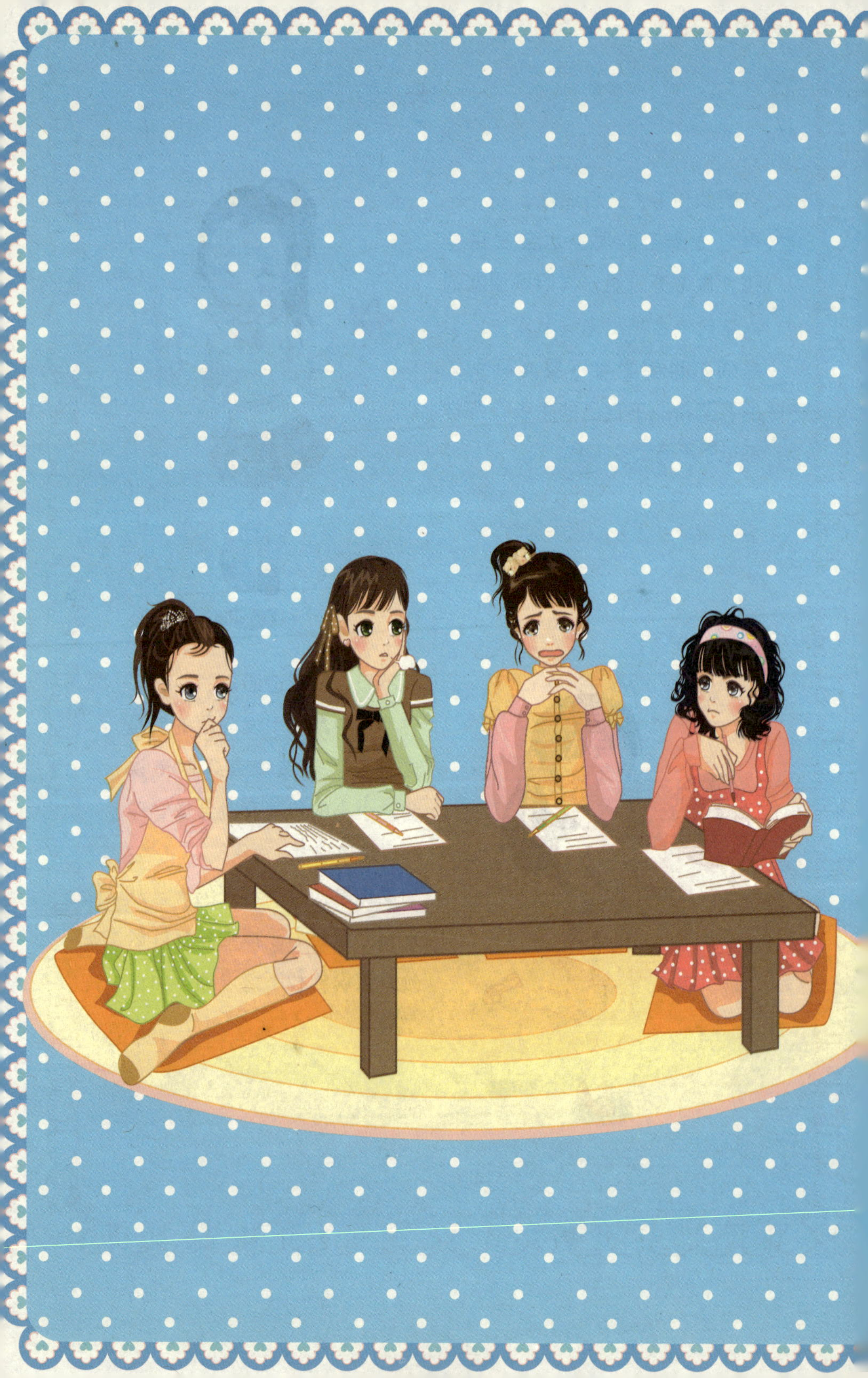

第4章

友情
也需要培养

01 ☆ 朋友之间无需隐瞒

　　星期六晚上大家在朵朵家搞睡衣派对。恩秀、允静、小晨带了漂亮的睡衣在朵朵家集合。朵朵妈妈还腾出了卧室，四个人趴在被窝里聊开了。

　　"我们玩真心话大冒险怎么样？"

　　聊完天，小晨突然提议道。大家觉得很有意思，一致赞成。游戏规则是不管提什么问题都要如实回答，如果有自己不想回答的问题，只有一次拒绝机会。

　　对恩秀的问题集中在她和世文的交往方面。恩秀虽然脸越来越红，但一个问题都没拒绝，本来恩秀的性格就很爽快，不喜欢藏着掖着。

　　下一个是朵朵，小晨最先发问："朵朵，你是不是不和爸爸一起住啊？为什么家里看不到爸爸的东西呢？"

　　话音刚落，朵朵的表情顿时僵住了。

　　朵朵一言不发，表情严肃地盯着地面。

　　"我们之间有什么好隐瞒的？连缺点都说出来这才是朋友。朵朵你只想让人看到漂亮的一面、好的一面。这样的话，朋友之间太没人情味儿了。"

　　小晨故意说得很严重。恩秀和允静也轻轻点了点头。

　　终于朵朵开口了。

　　"还是希望大家等到我想说的时候吧……我一直想找个机会
告诉你们的。"

不隐瞒缺点

人人都希望展现好的一面，特别是像朵朵一样自尊心很强的人更是如此。

但是人无完人，把自己真实的一面展示给朋友更好，这样一来也没必要费心遮掩缺点，问到朋友的缺点也不会觉得难堪。而且朋友之间能更加深理解。

即使是再亲近的朋友，让她知道一直以来自己隐瞒的缺点也很困难，说的时候也许会流泪。这时和朋友做个"缺点大公开游戏"怎么样？开睡衣派对是个好节目。

从前不想对朋友说的话……♡

缺点一个个全甩掉

❶ 先制造一个安静、轻松的环境，一个容易说出心里话的环境。

❷ 各自准备一大张图画纸，在纸上写下自己想隐瞒的事、伤心事、缺点、弱点等等。

❸ 轮流大声读出来，即使流泪也没关系。

❹ 把写有缺点的纸大声地撕碎，声音越大越能发泄情绪。

❺ 把撕碎的纸哗哗地扔向空中，把藏在心里的所有不好的情绪都扔掉。

❻ 这时听到的朋友的缺点要保证100年都不对任何人说。

我有多直爽?

想交到好朋友？那要先了解我有多直爽，直爽的人身边总是有很多朋友。

我的直爽指数是多少?

1️⃣ 打电话的声音和平时的声音不一样。

2️⃣ 在家大喊大叫，在外面慢声细语。

3️⃣ 无法说出"不喜欢、不愿意"。

4️⃣ 一有男同学在场，语言和行动不自觉地变了。

5️⃣ 为了摆脱丢人的处境会说谎。

6️⃣ 经常说"这个嘛"，"按你想的办吧"之类的话。

7️⃣ 和很多人在一起时，顺从大多数人的意见。

8️⃣ 平时常听别人说自己太闷骚。

我的直爽指数是多少？

0~2个 非常直爽的朋友

经常听人说你冒失、不稳重。因为你直爽的魅力在朋友当中很有人气。但是太直爽的话，还会伤到别人。只要这方面加以注意，就能找到好朋友。

3~5个 再直爽一点

把包装自己的努力放一些在性格直率方面，那你的心里会更舒服的。朋友们也会跟你走的更近。

6~8个 闷骚9段

一点点闷骚很可爱，过分了就很假。不要总在朋友面前假惺惺的，把自己真实的一面表现给朋友。这样才能交到真心朋友。

O2☆ 用对方的立场看问题

恩秀在澡堂里洗澡摔了一跤，胳膊上打了石膏来上学。

"我在澡堂里摔了一跤，你们千万别说出去，让世文知道就丢死人了，就说我在台阶上摔了一跤。知道了吗？"

"那有什么丢人的？世文就不脱衣服洗澡了吗？"

小晨哈哈大笑起来，允静和朵朵也跟着笑起来，不过大家看恩秀很严肃的样子，都点了点头答应了。

可是消息不知道怎么就传出去了，智恩也知道了这件事。世文路过时，智恩故意大声说道：

"听说恩秀在澡堂洗澡时摔了一跤？不知道去医院时是穿着衣服去的还是没穿衣服去的呀。"

世文听到这话不自觉地偷偷看了恩秀一眼。恩秀脸一红，趴在桌子上哭了。

恩秀把这事记在心里，打算报复智恩。终于，机会来了，智恩去洗手间出来时，不小心裙子一边夹在内裤里了。

"智恩，你……"

朵朵叫住智恩打算提醒她一下。可是恩秀赶紧捂住了朵朵的嘴。

"干什么？"

智恩回头问道。

"没什么，没什么。"

恩秀捂着朵朵的嘴摇了摇头。毫不知情的智恩径直走进了教室。后来怎么样了？看到智恩的同学全都跑出教室大笑个不停。

107

换位思考

挑别人毛病之前，最重要的是先想想"她为什么有这样的举动？如果我是她的话，会怎么做？"

智恩如果站在恩秀的角度想想"如果我在澡堂里摔倒的事被男朋友知道了，我的心情会怎样呢？恐怕会害羞得都不敢看男朋友了"，那就不会发生这样的矛盾了。如果恩秀也替智恩稍微考虑一下，提醒提醒她的话，智恩也会很感谢她的。

但是换位思考不是一天就能做到的。需要经常练习，才能养成站在对方的角度考虑问题的习惯。

在行动之前先换位思考一下！牢牢记住！

如果我是恩秀的话……

如果我是智恩的话……

说话之前，一、二、三、四！

性急的朋友总是说话和行动比较迅速。说话
之前先默数一、二、三、四。要三思而后
行，想想你的话或行动会不会伤害对方。

你好，
朵朵

你好，
智恩

和朋友换角色

把名牌和朋友对调着戴在身
上，和朋友对调一天角色。
这样一来对朋友的理解程度
会大大增加，而且这样不是
很有意思吗？

梵高和高更
让人扼腕的友情

梵高的性格有些忧郁，朋友也不多，但是他有一个非常要好的朋友，就是画家高更。

"艺术家们要是能集中起来，一起画画该多好啊！"

对梵高提出的意见说"很好"的只有高更一个人，所以梵高和高更常常一起画画。

很好！

但是俩人在一起的日子久了，关系却变得渐渐疏远了。

以同一个模特为对象作画，两个人画出来的感觉完全不一样。两个人对美术的观点同两个人的性格一样截然相反。

特别是为附近咖啡馆主人吉努夫人画肖像画之后，两人的关系急剧恶化。喜爱吉努夫人的梵高把她画得非常优雅，而高更画的吉努夫人看上去却非常浅薄，而且画的是她和梵高要好的邻居邮差喝酒的样子。

梵高看到这幅画气得忍无可忍。

"怎么把我很要好的朋友们画成这个样子？高更眼里根本没有我！"

之后发生的一件事真正让两人的关系破裂了。

高更为梵高画了一幅画作为生日的礼物，画的是喝醉的梵高微睁着眼睛的脸，前面放着凋谢的向日葵。

梵高坚信高更是用这幅画在讽刺自己。不久梵高和高更的关系彻底决裂了。

把我画成这个样子，高更分明是在讽刺我！

03 称赞的力量大于批评的力量

　　恩秀和允静非常喜欢新补课班里的英语老师。原因是老师很会称赞人。特别是对恩秀和允静这样成绩不是特别好的孩子来讲，被批评是家常便饭。

　　但这个英语老师不一样。

　　"恩秀今天看起来好漂亮啊。是不是今天有什么好事啊？"

　　"允静今天发音真不错！跟美国人一模一样。"

　　听了英语老师的夸奖，同学们学习更用功了，心情也更好了。老师简单的一句称赞成为同学们学习的动力。

　　恩秀和允静决心做一个像英语老师一样称赞别人的人。

　　"世文，你刚才的发言真棒。声音也很好听。"

　　"谢谢，我的声音真的有那么好听吗？"

　　恩秀夸奖世文，没想到世文那么高兴。

　　恩秀决定顺便把平时很讨厌的智恩也加入称赞对象的名单中。可是绞尽脑汁想不出有什么好称赞的，只好硬编了个理由。

　　"智恩，你今天真漂亮，衣服穿得也很搭配。"

恩秀很生硬地说道。智恩一听尖叫起来：

"喂！你是在嘲笑我吗？你在笑话我长了针眼吗？"

恩秀仔细一看，果真智恩的左眼红肿得很厉害，恩秀很不自

在，"腾腾"后退几步逃掉了。

称赞要发自真心

有些称赞听起来让人很不高兴，因为那不是发自真心。嘴上说出来的称赞有时候会被人看成奉承，有时候会变成嘲笑，伤别人的心。

怎样称赞才能让人高兴呢？

找到优点具体地称赞

想要称赞就要了解朋友的优点，具体地称赞。"真羡慕你数学学得那么好，辫子梳得真漂亮，本子整理得真整齐"和"你学上得挺好"之间，哪种称赞听起来心情更好呢？

不要比较式地称赞

"恩秀跑步不行，朵朵你跑得真快"，"允静胖乎乎的，恩秀你那么苗条真漂亮"。听到这种称赞会搞僵朋友之间的关系。"谁谁不行，你却做得很好"等这种比较式的称赞还是不说为好。

允静胖乎乎的，恩秀你那么苗条真漂亮

过分的称赞不如不说

称赞太过分的话，听的人会反感。朋友教了你一道数学题，"你数学真厉害，绝不亚于毕达哥拉斯，我从没见过像你数学这么厉害的人，你一定能成为天才数学家的。"这么称赞的话是不是让人不知如何是好呢？

你会成为天才数学家的

在友情和正义之间
难以取舍时

和朋友相处时，有时候会跟朋友一起做一些不好的事情。比如欺负弱小的同学，偷人家东西，或作弊等等。甚至受朋友的影响去孤立一些同学。

但这么做的同时会受到良心上的谴责。这时就问问自己："是一边受着良心的谴责继续和朋友保持这样的友情，还是告诉她作为真正的朋友不该强迫我做这些呢？"

如果既想和朋友继续相处下去，又不想做那些坏事，就说出来。如果朋友不尊重你的意见，就没必要继续这样的友情了。

唉，
真苦恼…

友情

正义

怎样对待强迫你做错事的朋友

明确说出不愿意

"不好意思，我不喜欢这么做。"

明确说出不愿意的理由

"孤立朋友是恶劣的行为，我不想成为那样的人。"

劝朋友做别的

"我们还是骑自行车去吧，飞快地骑自行车，心情会好起来的。"

回避

"我该回家了。今天要早点回去照顾妹妹。"

如果她（他）还是强迫你的话，就要重新考虑是否继续朋友关系了。

呛咳

孤立朋友是恶劣的行为！

04 听比说更重要

"允静，一起去洗手间吧？"

小晨转身说道。坐在后面表情严肃地对允静说着什么的志妍突然闭上了嘴，两个人好像在说什么秘密。没办法小晨只好一个人去了卫生间。

小晨静静想了想，来和允静说秘密的人好像不止志妍一个，很多人都来和她讲秘密。

"为什么大家都把秘密讲给允静听呢？"

小晨忽然好奇起来，她决定观察一下为什么朋友们有了苦恼都向允静倾诉。

午休时志妍又把允静叫出去了。小晨偷偷跟了出去，两个人找到一处安静的地方坐下开始交谈，不，准确地说不是两个人聊天，而是志妍一个人指手画脚地说着，允静只是不断点头听着。

"什么嘛，允静根本没说话，只是在听啊。"

小晨撅着嘴走回了教室。

几天之后，小晨也有了伤心的事。她和妹妹大吵了一架，她十分难过，一点都不想和妹妹和好了，她向后座的允静说出了自己的烦恼。小晨说个不停，连让允静插嘴的机会都没有，可是说完了，小晨的心里舒服多了，这时小晨终于明白了。

"哦！我终于明白了，大家为什么都向允静说秘密了，原因就是她能默默地听对方说话！"

是吗？
这样啊。

@#￥%……
&╳%￥#……

默默地倾听

很苦恼或伤心的时候，非常高兴的时候，不知如何是好的时候，我们需要一个能推心置腹的朋友。这时该说给什么样的朋友听呢？

给我忠告或鼓励的朋友
替我做决定的朋友
听我把话说完的朋友

当然很感谢考虑我的感受和给我忠告的朋友，但能一直听我把苦水倒完的朋友最让我心里舒服。因为我想把所有的苦恼都说出来。

向朋友倾诉的过程中，很多时候不知不觉自己就能找到答案。所以苦恼时会找允静这样能默默听对方把话说完的朋友。

你也想做个好朋友的话，朋友有苦恼时就送她几张"倾听招待券"吧。

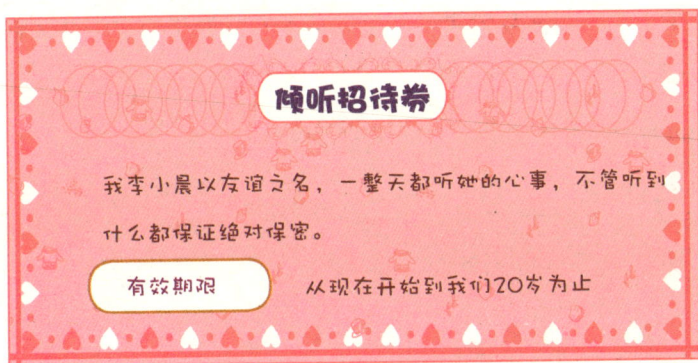

倾听招待券

我李小晨以友谊之名，一整天都听她的心事，不管听到什么都保证绝对保密。

有效期限 从现在开始到我们20岁为止

朋友拿出"倾听招待券"时，不管什么时候都要认真地听她的心事，一边听一边点头，紧抓着她的手。安慰她"一切都会好起来的"。

收下吧，这是小晨的招待券

做会说话的朋友

　　怎么才能知道我到底会不会说话呢？只要看朋友听我说话的样子就可以了。

睁大眼睛看着我
身子向我这边倾斜
说"是吗？""真的？""天啊！"等等

　　如果符合以上的条件，你就是会说话的人。因为朋友都很认真地听你说话。

天啊……

122

打哈欠

没诚意地点头

常常望向远处

如果符合以上内容，就表示对你的话不感兴趣了，也意味着你说的话没意思。

那怎样才能成为会说话的朋友呢？

想做会说话的朋友吗？

· 不要经常重复你以前说过的话，再有意思的话说十遍也会让人倒胃口。

· 注意看书、新闻以及朋友们喜欢的电视节目等，信息量够多才能说出有意思的话。

· 不要动不动就做挥手、眨眼等令人分神的动作，这样会让听的人注意力分散。

· 说符合时间和场合的话，在很伤心的场合说搞笑的话会　很失礼的。

· 说话不要跑题，不要说太多无关的话，不要忘了一开始要说的主题。

05 遇到难关一起渡过

恐怖的期末考试就在下周了。可是对恩秀来说还有件更残忍的事，期末考试结束后世文就转学了，因为爸爸工作的关系全家都要搬到蔚山。

恩秀伤心得不住地流眼泪。

"我们才相处了没几个月，世文就要走了，让我怎么办……"

考试迫在眉睫了，可恩秀一直以泪洗面，朋友们不知道该怎么劝她。特别是对成绩很敏感的朵朵和小晨此时心乱如麻。

最终四个朋友决定在恩秀家做作业，同时也可以安慰安慰恩秀。可到了恩秀家根本什么都学不下去。

恩秀一边摆弄着世文送的情侣戒指，一边不停地说着跟世文有关的话，一点作业都不做。

"临别送什么礼物好呢？世文会不会到了那里就很快找一个新的女朋友呢？还是每天都会给我发邮件？可是最后他还是会忘了我。"

恩秀嘀嘀咕咕地说个不停。正在看书的朵朵也忍不住长叹了一口气，可怕恩秀难过，要说出口的话又咽了下去。

比朵朵冷静一些的小晨先开了口：

　　"我这么说可能会让你难过，可是我们真的一点也学不下去了。恩秀啊，忍到考试结束不行吗？先好好学习吧。再难过也得考试不是吗？"

　　恩秀的脸色顿时变得很难看，她强忍住了哭声。

一起分担朋友的困难

为了帮助陷入悲伤中的恩秀，朋友们应该怎么做呢？

如果更重视友情的话

❶ 虽然担心会影响成绩，也要果断地合上课本。

❷ 一直听恩秀说下去，直到她的心情稳定下来。那样恩秀　会好受一些。

❸ 不过晚上回家后利用一些睡觉的时间学习。精神集中的　话短时间内也会很有效果的。

❹ 尽全力好好考试，即使成绩不如以前也不要埋怨恩秀。　考试还有机会，但帮助陷入悲伤中的恩秀只有这一次，必须去帮她。

❺ 而且下次考试时更努力地复习就能挽回了。

如果认为自己的明天比朋友的困难更重要的话，就向恩秀这么说：

"恩秀，你妨碍到我们学习了，别哭了行不行？"

当然话一出口，也就永远失去了恩秀的友情。

选择哪一边是自己决定的问题，但是别忘了友情最闪光的时候就是朋友遇到困难的时候。

心情愉快时，谁都可能成为你的朋友，但困难时真心帮助你的人才是真正的朋友。

我的嘴有多严

维持友情的秘诀之一是保守秘密。看看我在保守朋友秘密方面是哪种类型吧。

通过日记测试

❶ 我有一本不让任何人看到的日记本。

❷ 我把日记本藏起来，但只写重要的事。

❸ 不知道日记本在哪里，也不怎么写日记。

❶ 很重视保守秘密的朋友。重视自己的秘密，同样也重视朋友的秘密。

❷ 只保守重要的秘密，自我感觉不重要的秘密会说出去。关于朋友的秘密一定要等到朋友说可以时才能说。一定要替朋友保密。

❸ 懒得保守秘密，对朋友们的秘密也不好奇。

通过传闻测试

❶ 喜欢制造传闻，几乎所有传闻的起源都是我。

❷ 对传闻知道个大概，没什么特别的想法地传给别人。

❸ 即使传闻轰动全班了，唯独我一个人不知道。

❶ 完全无法保守秘密的人，就要少关心别人的私生活，应该把注意力放在自己身上。

❷ 某段时间内可以保守秘密，结果还是会说出去的人。你在告诉别人的时候应该更慎重一些。

❸ 对朋友们的私生活不感兴趣的人。但是想想对朋友多一些关心也不是坏事吧？

嘘！秘密

第 5 章

**为了
永远的友情**

01 ☆ 关系越近越要遵守的一些事

星期六下午恩秀、朵朵、允静、小晨决定一起吃完午饭后再去逛礼品店。她们在餐厅见了面，点了炒打糕、紫菜包饭和拉面，先吃完的恩秀和小晨一边挖鼻孔一边大声聊一些很不卫生的话题。

"别说了！我们还没吃完呢。"

朵朵抱怨道，可恩秀和小晨说得更起劲了，她俩不知道聊到什么有意思的事哈哈大笑起来。

"你们太过分了！"

允静和朵朵不满地抗议道，恩秀和小晨不甘示弱地反驳道：

"哎哟，朋友之间还讲究这些干什么?！"

接下来在逛礼品店的时候差点发生了更大的争吵。允静在礼品店买了漂亮的本子正要出来，一下子头撞在门上了。

"哎呀！谁开的门，怎么突然就松手了！"

允静大声喊道。她们一起走出礼品店时，前面的人推开门后没给后面的人把着门，只管自己出来就松手了，结果门弹回去碰到了后面人的头。

"嗨！你自己不看着点儿。"

看着允静揉着头大家呵呵地笑着，允静生气地想道：

"关系再好的朋友，也得注意态度。她们说话越来越不注意，行动也越来越粗鲁了，真让人讨厌。"

用亲切和礼貌维护友情

　　四个朋友关系太好了，结果连基本的礼貌也不遵守了。说话不经过思考，开玩笑也不顾及别人的感受，不知道抱歉或感谢。这些行为最终会导致朋友之间误会越来越深。

允静的心里话
恩秀为什么对我说话那么随便？
这么开我的玩笑已经是第几次了？
我还当她是我朋友呢，她怎么能这样无视我？
再这样我就跟她发火。

恩秀的心里话
关系好才这样嘛。"谢谢"、
"对不起"、"还好吧？"这些话说起来
不肉麻吗？不把她当外人才这样的，
她们都会理解的。

两个人的想法截然相反吧？像这样的误会让双方的心里都不舒服，最终会使长时间积累的友情破裂。

越是好朋友，越是自己在意的友情，就越要注意礼貌和亲切，原因就在这里。

关系再好也不能说的话

伤朋友自尊心的话

背后贬低朋友家人的话

说朋友缺点的话

骂人的脏话

气死我了

太让我失望了

绝交

怎样对待
我讨厌的人？

生活中总会遇到一些讨厌的人。

该怎样面对我讨厌的人呢？

好讨厌野猫，太可怕了。

可是从家去学校的路上，有只野猫

一动不动地卧在路当中。

如果是你会怎么做呢？

啊！

喵

❶ "啊~啊~！"大喊，并跺脚吓走野猫。

❷ 立刻给流浪动物组织打电话，抓走野猫。

❸ 懒得理，当做没事照常走。

❶ "啊～啊～！" 大喊，并跺脚
吓走野猫的人

对自己讨厌的人会直接说出"我
讨厌你"的类型。

不光这样，还让周围的人都讨厌
那个人。

恶啊！
走开！

❷ 立刻给流浪动物组织打电话
抓走野猫的人

在人面前绝不表现出讨厌，但过
后一定对其他朋友说的类型。

喂，你好～

❸ 懒得理，当没事照常走的人
干脆不去见讨厌的人，所以不会
发生争吵、吵闹的类型。

...

137

02 动物朋友，玩偶朋友

朵朵家的小狗贝贝死了，朵朵伤心得不得了，朋友们都在尽力安慰她。

"听说狗狗死后都会上天堂的。"

但是朵朵的悲伤不那么容易恢复。

"贝贝是我最好的朋友，我好想它。"

讨厌动物的小晨无法理解朵朵的心情。

"人和狗怎么做朋友？真奇怪。"

有一天，妈妈爸爸都回来得很晚，家里只有小晨一个人。忽然窗户那边传来奇怪的声音，衣柜里好像传来了"刷啦"的声响。

"小熊啊！我们一起看家好吗？这样我们就都不会害怕了。"

小晨为了让自己不那么害怕，紧紧抱着大大的玩偶。这是小晨第一次单独睡觉时爸爸怕她害怕送她的礼物。小晨想和小熊一起看家。

"对啊，我把小熊当做朋友，却没理解朵朵把贝贝当做朋友，我真是……"

想到这里，小晨立刻往姑姑家打了电话，姑姑家的小白刚生下了三只小狗。小晨想跟姑姑要一个小狗送给朵朵，她还要告诉那个小家伙，一定要好好安慰朵朵，守护朵朵。

交个不会说话的朋友

提起朋友，是不是只想到班里的朋友、补课班的朋友等同龄人呢？再扩大一下范围就发现，我们有各种各样的朋友。比我年纪大很多的老爷爷，不丁点儿的小孩，甚至小狗、小猫、小熊玩偶、路边盛开的蒲公英等等都可以做朋友。

告别朋友回到家后，觉得一个人很孤单，可以煲电话粥或者打游戏看电视，还可以像朵朵或小晨一样交个不会说话的朋友。

和小狗一起散步，给小猫准备晚饭，清理鱼缸，这些事跟冥想一样可以起到舒缓心情的作用。

生气时就给贝贝洗澡，
小心地给贝贝洗过澡，不知不觉忘掉了
生气的事，而且看着浑身的毛被梳理得
漂漂亮亮的贝贝，心情更好了。也许是因为对朋
友付出想得到回报，但是对贝贝，我不
指望得到什么好处的原因吧。

朵朵

玩偶并不能给我什么。
不能说话，也不能抱我，但是能陪我。
在一起感到特别温暖。或许是因为我不管说什么
它都安静地听我说吧？反正虽然它没有生命，
却是我非常重要的朋友。

小晨

Friend

生死之交：丘吉尔和弗莱明

英国前首相丘吉尔在小时候的一个夏天随家人去乡村避暑。看着清澈的湖水，小丘吉尔兴奋地跳入了湖中。

"啊！好凉快啊。"

丘吉尔一边"哗啦哗啦"地游着一边欢快地叫道。

突然他的脚抽筋了，丘吉尔大吃一惊赶紧向湖边游去，可是腿却不听使唤，身体不住地下沉。

"救命！救命！"

丘吉尔拼命地喊道。

这时从湖边的树林深处迅速地跑出一个少年，他飞快地跳进水里救起了丘吉尔，从那以后两个人成了好朋友。丘吉尔的爸爸很想报答这个救了儿子性命的少年，就援助他上学。

那个少年一直努力学习，后来成了一

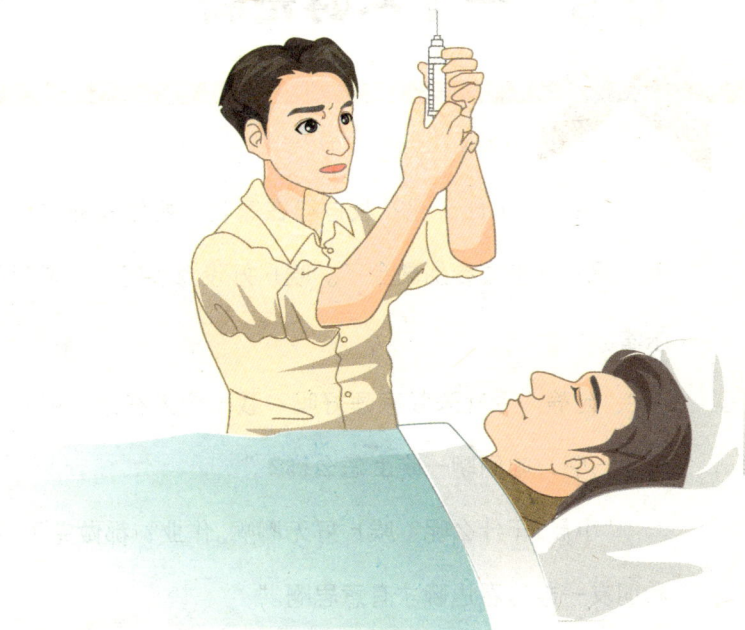

名优秀的医生。

　　这个少年就是后来发明了青霉素的弗莱明。

　　后来弗莱明又救了丘吉尔一次。丘吉尔参军去非洲参加战斗，不幸染上了肺炎，眼看就危及生命了。听到这个消息弗莱明带着能治愈肺炎的青霉素直接驾驶飞机飞到非洲，多亏了弗莱明的青霉素注射，丘吉尔才转危为安。

　　弗莱明两次救了自己的命，丘吉尔对此一直牢记在心。

03 ☆ 一个人好无聊

"朵朵？干什么呢？我自己在家呢，姐姐去补课班很晚才回来，妈妈爸爸去参加聚会了。唉！好没意思呀。我最讨厌一个人呆着。"

"允静，今晚来我家睡好吗？我一个人在家，或者我去你家睡也行啊，咱俩聊一晚上怎么样？"

"小晨，干什么呢？唉！好无聊啊。作业？都做完了。看电视？和朋友一起边看边聊才有意思啊。"

朵朵、允静、小晨经常接到这样的电话，对方都是恩秀。当家人不在时恩秀就抓着电话不放，朋友挨个打个遍。

恩秀无法忍受独处的时间，因为她从小总是有两个姐姐陪她玩，很少一个人呆着。可是姐姐们上了初中、高中之后，就不能一直陪她了，她无法忍受一个人在家的日子。一个人在家时就莫名其妙地心里不安，好像心漏了个洞似的，心情还变得有些忧郁。

"学会享受一个人的时间吧，思考一些事，或者一个人玩。"

"是啊，妈妈也说了要学会克服孤独感，说这是人生的一部分。"

无论朋友们怎么说，恩秀还是无法理解。

　　"一个人的时间实在太难熬了，干什么都觉得没意思。可能我是需要朋友一直陪在身边的类型吧。嘿嘿。"

享受孤独

朵朵一个人也很快乐。因为朵朵是独生女，父母都上班，所以一个人在家的时间比较多。她想出了很多一个人怎么玩，怎么高兴的方法。

恩秀非常讨厌一个人呆着。大概是因为她从小身边都一直有人陪着。

但是人能一辈子都一直有人陪吗？妈妈、爸爸、兄弟姐妹们、朋友们，他们不可能一直在你身边，他们都有自己的事要做，都有自己的人生。

所以每个人或多或少都会有孤独感。克服孤独感也是维持友情的方法之一。如果因为感到孤独就一直缠着朋友，甚至耽误朋友的时间，你终究会成为朋友的负担。

孤独时可以做的事

换件舒服的衣服在小区里散步

每次散步都选不同的路线，感觉像在探险。

在附近的操场跑步

多跑几圈让自己出汗，然后冲个凉，甚至会感到很幸福呢。

像电影里孤独的女人一样坐在窗边向外望

手捧一杯热茶，陷入沉思。

写一封不会发出的信

可以写给漫画里酷酷的主角，或电影里的"白马王子"，甚至是已经去世100多年的音乐家，谁都可以。反正不会发出去，把想说的话都写出来，写一封长信。

放欢快的音乐做伴奏跳舞

没有旁人，不用顾忌，可以尽情地跳。

147

了解孤独的测试

友情维持得好的人，和朋友在一起时很幸福，一个人的时候也很幸福。人在独处的时候也要快乐。我一个人的时候过得怎么样，一起来看看吧？

❶ 我知道10种以上可以一个人玩的游戏。（　）

❷ 我有超过10本的童话书都读了5次以上。（　）

❸ 我喜欢一个人思考的时间。（　）

❹ 一天一次镜子都不照。（　）

❺ 常听朋友说我太固执。（　）

❻ 交好几个朋友不如交一个朋友舒服。（　）

❼ 和朋友玩不如和宠物或玩偶玩。（　）

❽ 我有一个自己的秘密基地。（　）

❾ 比起几个人的运动，我更喜欢跑步
这样一个人的运动。（　）

〇有 0~2个

没有时间孤独的人，是不是朋友太多都不知道孤独是何物呢？但是偶尔一个人专心做些什么也是很有意思的。

〇有 3~6个

一个人过得也很好，和朋友也能相处很好的理想朋友。

〇有 7~9个

习惯一个人呆着的人，但是继续这样下去，恐怕一个朋友都不会有，偶尔也要学着融入到外面的朋友中去。

04 ☆ 世上最好的朋友——我

　　朋友们诉完苦走了，允静的表情变得特别沉重。允静常常在听了朋友的倾诉后，露出这副像是已经活了一辈子并看透了一切的表情。朵朵注意到了这些。

　　"嗨，心理医生，这次咨询做得怎么样？"

　　朵朵故意开玩笑。

　　"什么心理医生啊，我能出什么主意呢，只是听她说话而已。"

　　允静的回答很让人意外。朵朵以为她会很自豪呢。

　　"这是好事啊，本来高超的心理医生就有让人多说话的本事。一个劲儿给人出主意、装明白只会适得其反。所以我说你真是很厉害的心理医生。"

　　朵朵总是用电视上学来的话来鼓励允静，允静的反应却不那么好。

　　"谢谢你这么说，我这样没什么优点、没什么特长的人，至少要学会闭嘴听人家说话……"

　　朵朵为允静这样的性格感到可惜。无论老师如何称赞她，班里的男生如何向她表白说喜欢她，她都丝毫不相信："切，说谎，像我这样的女生有什么值得喜欢的？"

"世上最爱自己的人就是'我'，允静为什么不知道爱自己呢？"

朵朵为允静感到惋惜。

让别人爱之前，
先自己爱自己

　　一直陪伴自己的朋友就是
"我"。如果不爱这个朋友，会多
么难过呀。当然"我"这个朋友
不可能总让自己满意。总有一些
遗憾之处，想要再勇敢一些，再
聪明一些，再和气一些，但是我
们交朋友要的不是优秀的、聪明
的朋友啊，我们要的是心意相通。

　　爱自己、理解自己，让自己
和自己心意相通吧，比现在做得
再好一些。

Best Friend

和"我"这个朋友更密切的方法

❶ 和自己的身体更亲密

喜欢自己的身体才容易和自己更亲密，别执著于外貌中不满意的地方来折磨自己，装扮并展示自己漂亮的部分，关注自己的身体有哪些变化，并高兴地接受这些变化，因为这些都是一点一点变成大人的证据。

❷ 温暖自己的心

一个人的时候，关注一下自己的内心，那样会更了解自己。像记日记一样把每天早晨刚睁开眼就想到的事记下来。以后读一读清晨日记就知道那时候自己在想些什么了。

❸ 丰富自己的灵魂

通过周围的一切事物获取知识。漫画、书、旅行、朋友等等，积极地接受自己遇到的所有事物，丰富自己的灵魂，会比现在更爱自己。

天啊……

153

我的朋友是什么性格？

想知道朋友的性格？那就看看合照吧。看看照相时各自摆的造型，就知道她的性格了。

在最前面摆出自信造型的恩秀

充满自信，性格积极，很爱交朋友，所以周围朋友很多。

只把上身朝向镜头的小晨

平时不怎么引人注意的人，但是内心很渴望得到朋友们的关注。谁要是主动接近她，一定很容易和她成为朋友。

离开朋友闻花香的朵朵

感情丰富、浪漫的性格。只要不过于沉浸在自己的世界里，就能成为迅速读懂别人心情的好朋友。

和朋友们交谈的允静

性格中有很强的照顾别人的意识。作为朋友会得到很高的分数，但偶尔也学着少和朋友说话，多关注自己。

05 ☆ 朋友走了友情还在

终于到了六年级，四个朋友被分到了不同的班。分班结果刚公布，恩秀就大喊起来，朵朵泪水夺眶而出，小晨"啪"地一拍桌子，允静低着头一言不发。

"这都是我们班主任的阴谋。分明是嫉妒我们关系太好了，就把我们分开，不让我们在同一个班。"

"我们即使班级变了，友情也绝不会变！"

"当然，即使交了别的朋友，在心里我们几个才是最好的朋友。"

"对，最要好的朋友就是我们，新认识的朋友只是普通朋友而已。"

"我们一周最少见一次，只有我们四个哦！"

四个人像起誓一样约好了。

可是新学期的第一次见面就很勉强。因为奶奶住院了，恩秀没来，第二周因为全家去旅行，小晨没来，再下周朵朵和小晨都缺席。

第二个月四个人见面后总是吵嘴。

"怎么班级变了，心也变了？"

"对啊，连约定都不遵守的朋友算什么朋友？我们的友情到此为止了！"

"没能如约见面很抱歉，但是这不表示我的心变了。"

四个人都坚持自己的主张，结果各自气愤地离开了。

真正的友情永远不变

环境变了友情也会破裂吗？友情只有常见面的人才拥有的吗？

有些人认为即使一辈子也不见一次面，只靠写信也能结下深厚的友情；有些人觉得即使朋友已经不在人世了，和他（她）的友情也永远继续着，因为那个人一直活在自己的心里。

因为环境改变了而不能常见面，但如果能理解朋友繁忙的生活，能换位思考的话，友情也能继续下去。

像恩秀、朵朵、允静、小晨一样，升到六年级，分到不同的班，不能经常见面，该怎么做才能维持友情呢？

❶ 接受改变的环境

既然分到不同的班级，就意味着不能经常见面，要接受这个事实。要理解朋友会认识新朋友并可能和新朋友更亲近。

❷ 不做勉强人的约定

对一周很难见一次面的事实给予理解，约定一些都可以做到的事，比如放假时一起登山。

❸ 寻找其他可以维护友情的方法

用电邮或短信等其他方法来维护友情。

❹ 即使她和新朋友更亲近，心里也不要难过

别忘了即使交了新朋友，她和我依然是好朋友。

从书中寻找友情

读书时有没有产生过这样的念头："啊！我要是有这样的朋友该多好！"把那些描绘友情的书当做朋友一样经常阅读，会知道我该成为什么样的朋友。

🍭 红头发的安

安和戴安娜是特别要好的朋友。性格冒失的安和善良的戴安娜一起犯错，一起找有意思的事做，遇到困难时互相帮忙，她们一起度过了童年。性格完全不同的两个人却一起度过了那么开心的日子。所以看过了这本书，就不会说"性格不合，所以没法做朋友"的话了。

夏洛特的蜘蛛网

一头叫威尔伯的猪非常渴望有个朋友，有一天一只叫夏洛特的帅气的蜘蛛出现了。是不是感觉它俩非常不合适呀？夏洛特无微不至地照顾威尔伯，既像妈妈又像朋友，人们无不为夏洛特所感动。很少对朋友付出却渴望有很多回报的人们，应该想想夏洛特的友情。

小妇人

男人和女人可不可以做朋友？你是否也为此争论过？看看小妇人们就知道男人和女人也可以做朋友。乔和邻居劳里会告诉你，男人和女人之间的友情多么纯粹和真挚。

寻找真正的友情

说到友情，你想起的词语是什么？

挺我　好　无视　信

传闻

有意思　想念　家

帮助

嫉妒　烦恼

温暖　烦人

游泳池

电话　被孤立

爱　自尊心

放学

一起吃东西　感谢　礼物

对不起

和解

被抢走

争执

生日派对　游戏

温暖！

　　把你想到的词语写下来，看看都有哪些。

　　如果想到的是温暖、想念、感谢、帮助、好等温暖的词语，说明你已经拥有了很美好的友情。

　　如果想起有意思、放假、游泳池等开心的词语时，说明你学会了该怎样快乐地生活。

　　但如果想到了嫉妒、争执、被孤立等词语时，说明你的朋友关系还不那么美满。这时不要期望有个完美的朋友走近你，先想想如何把自己塑造成好朋友再去接近别人。虽然一开始可能会感到陌生、困难，但友情的价值完全值得你去克服这些困难。

图书在版编目（CIP）数据

我是人气女生 / (韩) 金恩帝著 ; (韩) 文贵邺绘 ;
齐芳译. — 长沙 : 湖南人民出版社，2010.5
ISBN 978-7-5438-6594-5

Ⅰ . ①我… Ⅱ . ①金… ②文… ③齐… Ⅲ . ①女性 –
人间交往 – 少年读物 Ⅳ . ①C912.1-49

中国版本图书馆CIP数据核字(2010)第097665号

湖南省版权局著作权合同登记

图字：18-2010-109号

出 版 发 行：中南出版传媒集团·湖南人民出版社
（地址：长沙市营盘东路3号 410005）
经　销　者：全国新华书店
印　刷　者：三河市燕春印务有限公司
开　　　本：660×920　1/16
字　　　数：86000
印　　　张：11.5
出 版 时 间：2013年9月2版1次印刷
出 版 人：李建国
责 任 编 辑：胡如虹
特 约 编 辑：尹宝茹
装 帧 设 计：周芳艳　张萌萌
ISBN 978-7-5438-6594-5
定　　　价：28.60元

联 系 电 话：010-56261858
邮 购 热 线：010-83886548
传　　　真：010-83886548
公 司 网 址：www.yuedufang.cn
投 稿 邮 箱：ydfbook@126.com